SOVIET ECONOMIC FACTS, 1917–81

The basic aim of this volume is to present under one cover annual series, as nearly complete as possible, for the whole Soviet period 1917–81 for the main economic aggregate magnitudes, and for output of a selected list of major industrial and agricultural products. This part of the book is compiled from original USSR sources exclusively, so that it can be used as a source equivalent to the official publications. All sources from which the tables are drawn are cited. In addition this second edition includes a collection of unofficial estimates and recalculations of major economic indicators where these are either not published or are widely regarded as unreliable. Whilst Western researchers disagree frequently over these estimates and recalculations, they virtually all agree that the Soviet indices for these magnitudes, particularly over the longer period, are misleading and not comparable with those for Western economies. It thus seemed useful to bring these together with the Soviet data. The book has a number of advantages which make it much more convenient to use than the official Soviet publications. These do not generally contain complete series for consecutive years, so that in order to compile such series, or to find a figure for any one past year, it is often necessary to consult several volumes. They contain a great deal of unnecessary duplication resulting in very large volumes in which information can be difficult to find, and of course the full volumes are available only in Russian, the small English summary volume published being inadequate for many purposes.

The present collection of the most commonly used information for the whole period in one relatively slim book should be of great value both to the specialist researcher on the USSR and to those who require data for comparative study purposes or for general interest, but who do not read Russian or have access to the range of sources from which the tables are drawn.

Roger A. Clarke is a member of staff of the Institute of Soviet and East European Studies, University of Glasgow. He has been editor of *Soviet Studies* since 1978 and a member of its editorial board since 1967. He is the author of several articles on the Soviet economy.

Dubravko J. I. Matko is a member of staff of the Institute of Soviet and East European Studies, University of Glasgow. His work on the Soviet economy has been concerned primarily with foreign trade and aid, and also with patterns of occupation in the Soviet Union. He has recently completed work on Yugoslav agricultural organisation and on a comparison of performance of agriculture in a Yugoslav and an Hungarian region.

SOVIET ECONOMIC FACTS, 1917–81

ROGER A. CLARKE
AND
DUBRAVKO J. I. MATKO

St. Martin's Press   New York

© Roger A. Clarke 1972
© Roger A. Clarke and Dubravko J. I. Matko 1983

All rights reserved. For information, write:
St. Martin's Press, Inc.,
175 Fifth Avenue,
New York, NY 10010
Printed in Hong Kong
First published in the United States of America in 1983

First edition (under title of
Soviet Economic Facts, 1917–1970)
published 1972

ISBN 0–312–74758–6

Library of Congress Cataloging in Publication Data

Clarke, Roger A.
Soviet economic facts, 1917–81.

Includes index.
1. Soviet Union—Economic conditions—1918–
I. Matko, Dubravko J. I., 1930–   . II. Title.
HC335.C519   1983   330.947'084   81–23299
ISBN 0–312–74758–6   AACR2

Contents

Preface to the first edition	ix
Preface to the second edition	xii
Introductory note to the user	xiv

TABLES

I General

1. Population (total, urban, rural)   2
2. Birth, death and natural increase rates   5
3. National income (index and annual percentage increases)   7
4. Global industrial production (index and annual percentage increases)   10
5. Global agricultural production (total, crops, livestock; index and annual percentage increases)   13
6. Investment (total, state and *kolkhoz*; industrial; agricultural)   16
7. Prices (state retail; urban *kolkhoz* markets)   19
8. Internal trade (total turnover; percentage food; percentage urban; *kolkhoz* market trade turnover)   21
9. Food consumption per head (whole population; state-employed labour force; collective farm members)   24
10. Consumer durables—stocks   28
11. Housing   31
12. Labour force (total state-employed; distribution by sectors; *kolkhozniki*)   34
13. Wages (of state-employed labour force, by sectors)   39
14. Education (numbers in; output of specialists; specialists employed)   44
15. Family budgets   51
16. Savings bank deposits   53
17. State budget (revenue and expenditure by main categories)   54
18. Foreign trade (main trading partners; selected exports and imports)   61

II Industrial Production

19.	Coal	83
20.	Oil and gas	84
21.	Electricity (total and hydro)	86
22.	Iron	89
23.	Steel	91
24.	Rolled steel products	92
25.	Steel pipe	93
26.	Mineral fertilisers	94
27.	Sulphuric acid (monohydrate)	95
28.	Plastics and synthetic resins	96
29.	Chemical fibres	97
30.	Tyres	98
31.	Machinery and metalworking (index)	99
32.	Machine tools	101
33.	Turbines	102
34.	Forging and pressing machines	104
35.	Motor vehicles (lorries, buses, cars)	105
36.	Tractors	107
37.	Grain combine harvesters	108
38.	Timber	109
39.	Cellulose, paper and cardboard	110
40.	Cement	113
41.	Fabrics	114
42.	Knitwear	116
43.	Footwear	117
44.	Furniture	118
45.	Washing machines	119
46.	Refrigerators	120
47.	Vacuum cleaners	121
48.	Television sets	122
49.	Radios and radiograms	124
50.	Cameras	125
51.	Sewing machines	126
52.	Clocks and watches	127
53.	Motorcycles	128
54.	Fish	129
55.	Preserves	130

III Agriculture

56. Sown area (crop structure; categories of farm)	133
57. State farms (number, average area, livestock and personnel)	139
58. Collective farms (number, average area, livestock and households)	141
59. Deliveries of industrial supplies (fertiliser, tractors, lorries, combines)	143

Crop production, yields and state procurements:

60. Grain	145
61. Cotton	153
62. Sugar beet	154
63. Flax (fibre)	156
64. Sunflower seed	158
65. Potatoes	160
66. Vegetables	162
67. Fruit and berries	164
68. Tea	165
69. Tobacco	166
70. Livestock numbers (cattle, cows, pigs, sheep, goats, horses)	168

Livestock products—production and procurements:

71. Meat	177
72. Milk	179
73. Eggs	182
74. Wool	185

IV Unofficial Recalculations and Estimates

75. Gross and net national product (factor cost, various prices)	191
76. GNP and NNP in 1937 prices	193
77. GNP in current prices	194
78. GNP Indices – end use	195

79.	Growth rate of end use GNP	196
80.	Total gross and net capital stock	197
81.	Annual investment in fixed capital and inventories	199
82.	Fixed investment	200
83.	Investment share in national product	201
84.	Defence expenditure	202
85.	Industrial production (1928 = 100)	203
86.	Final industrial product	204
87.	Industrial output — civilian and munitions	205
88.	Total industrial output (1970 = 100)	206
89.	Gross agricultural production	207
90.	Gross agricultural output (1970 = 100)	208
91.	Net agricultural production	209
92.	Output of grain	210
93.	Net grain production	211
94.	Consumption	212
95.	Income distribution – state employees	213
96.	Real annual wages – non-agricultural	214
97.	Housing (private urban, constructed and restored)	215
98.	Prices – retail, collective farm market, and cost of living	216
99.	Retail prices	217
100.	Agricultural procurement prices	218
101.	The price level of Soviet machinery	219
102.	Volume index of exports and imports	220
103.	Soviet gold production	221
104.	Some aspects of Soviet hard currency balance of payment	222
105.	Total outstanding debt to the West	223

Soviet Sources Used in Parts I – III   224
Sources Used in Part IV   227

Preface to the First Edition

After a relatively limited amount of experience of using Soviet statistical sources I began to feel that a considerable waste of time was frequently involved in searching for data because one often could not know what particular volume to consult. This is primarily because of the practice of giving not a complete series for, say, the ten years preceding the date of publication, but only statistics for selected past years. Compiling a series for a period of years, therefore, frequently involves reference to several volumes. In addition, the general statistical annuals often need to be supplemented by use of specialised statistical volumes on particular sectors of the economy or other topics. Most of the volumes are also quite unnecessarily repetitious and therefore bulky, making data more difficult to find quickly. For these reasons I started to think about producing one compact volume which would contain the most used and useful data from the whole range of Soviet statistical volumes available, and thus would give as nearly as possible complete annual series.

Such a volume has an obvious function of making Soviet statistical material more accessible to those who read no Russian. Only the small pocket books, *The USSR in Figures*, are regularly published in English in Moscow;* but they have rather limited data, and there are presumably some users or potential users of Soviet statistics who are neither primarily Soviet experts nor Russian-reading. I also hope and think that this volume should be of considerable use to the specialist who does read Russian and could use the Soviet sources: they may not all be available easily, and in addition my aim has been to produce a book which will be a quicker and more convenient source, while having absolutely equivalent authenticity to the Soviet publications.

The object of this volume therefore is to present under one cover

---

* An English edition of the 1967 *Strana Sovetov za 50 Let—Soviet Union— 50 Years*—appeared in 1970, but this was considerably more restricted in coverage than a normal Soviet annual abstract, and certainly did not go far towards fulfilling the aims I set myself.

ix

as nearly as possible complete annual series for the main aggregate economic magnitudes, a list of industrial and agricultural products which is determined basically by availability, and certain other more general data related to economic performance. The volume is compiled exclusively from Soviet original sources so that it can be used as equivalent to the official publications. Each table accordingly cites all the sources from which it has been compiled. There has been no attempt to fill gaps in data by deduction or anything else beyond, in a few cases only, undisputable arithmetical procedures such as calculation of absolute data from percentages in a source, where the base is clearly identifiable. Several items thus remain completely ignored in the volume—e.g. aircraft, ships, non-ferrous metals, income distribution, peasant incomes—since no official data about them are published.

The result of this has been a number of gaps in several of the tables. These occur most frequently for certain periods. In the early 1920s data collection was still primitive and the situation often confused, even after the civil war was over; and data for the civil war period itself would be largely meaningless if they did exist. The late 1930s were affected by Stalin's increasing concern for security and secrecy, and few data were published. The war years are an obvious gap, filled in a few cases from the official Soviet history of the war; but, as with the civil war, the meaningfulness of any data for these years is questionable. Finally, the early post-war years were shrouded in secrecy, and in some cases data were never published later. There are however very few series indeed for which at least data for the past twenty years are not available, and this is probably the period for which statistics are most required by the majority of users.

Much has been written in the West about the reliability of Soviet statistics by authors far more competent to discuss the subject than I, and I do not think it appropriate to try to make any, necessarily brief and inadequate, comment on it in this book. I have however felt it essential to provide notes in certain cases explaining definitions of coverage where this may be unfamiliar to non-specialists in the field. I should perhaps also add that, while the Soviet definition of national income is different from the Western, it is not generally thought now that this affects the rate of change of national income greatly. The index of industrial output is given as it appears in Soviet sources, and I have assumed that readers are aware of the index problems that arise with changing output patterns over time. The current view of this index for recent years is that it seems to

overstate growth by a certain amount compared with physical output figures, probably due to distortions in the calculation of machinery output. A few sources on Soviet statistics are noted at the end of the book. The most recent year's data are frequently taken from the official bulletin in *Pravda*, and some of these figures are liable to be subsequently revised when the yearbook appears later; they are thus in some sense provisional.

Finally, my thanks to various colleagues in Glasgow and elsewhere with whom I discussed this volume in its early stages. Naturally the customary disclaimer of liability on their part for mistakes applies. Last of all, but by no means least, my very sincere thanks to Elizabeth Hunter and Eleanor Robertson for the heroic task of typing the entire volume from manuscript in my notorious handwriting; incredibly, we are still on speaking terms (just)!

R.A.C.

Preface to the Second Edition

This second edition has two quite distinct purposes. The first is the obvious one of incorporating data for the decade since the first edition went to press. The structure of the original book, three parts covering general economic magnitudes, industry and agriculture respectively, thus remains unchanged, with the figures for the recent years added to the previous tables. A few errors to which reviewers or users of the first edition have drawn attention have also been corrected, and a small number of additional tables have been included, such as on family budget structure and savings bank deposits.

The second purpose is to expand the original conception of the book by including a collection of unofficial estimates and recalculations of major economic aggregate magnitudes for the Soviet economy. I am very happy to record my thanks to Professor Peter Wiles, of the London School of Economics, for this suggestion and for specific advice on how to put it into effect as well as for his more general advice and encouragement over a number of years. The work of compiling this additional part of the book has been done by my friend and colleague in Glasgow, Dubravko Matko, who accordingly now appears as joint compiler of the second edition.

Whilst the official Soviet indices of national income and global industrial production are included in part I as before, there is wide agreement among Western (and some Soviet) researchers that these indices are exaggerated, misleading or, at best, not comparable with the equivalent series for most Western economies. The argument is not that the official Soviet series are simply invented, or even deliberately falsified, but that procedures are used to calculate them which give a marked and consistent upward bias. This was especially true of the periods of most rapid industrialisation in the 1930s and 1950s, but it still applies to a lesser extent to the more recent period. In a volume of this kind it is not possible to provide

xii

anything more than the briefest of notes on the Western recalculations included. The reader who wishes to examine their methodology must refer to the sources from which they are drawn. Taken together, they provide a quantitative picture of Soviet economic growth which, while not precise, is in the view of most Western researchers more accurate and more comparable with the figures for Western economies than are the official Soviet indices. This is the reason for their inclusion in this volume.

R.A.C.

Introductory Note to the User

Although in a few cases brief notes on definitions and coverage of the figures in the tables have been appended, it is clearly not possible in and not the aim of a volume such as this to provide a comprehensive treatment of the complex topic of the reliability and meaning of Soviet economic statistics. The user of this book who is unfamiliar with Soviet statistical practices is therefore urged to consult the excellent systematic symposium edited by V. Treml and J. P. Hardt, *Soviet Economic Statistics* (Durham, North Carolina, 1972). If I may quote a reviewer of my first edition, 'when the user ... wants to know what some of these figures really mean, he should turn to Treml and Hardt for the best currently available answers'. Nearly a decade later they are still the best currently available answers, and have not been overtaken to any significant extent by the passage of time.

Tables

I. GENERAL

1. POPULATION

	Total (millions)	Urban (millions)	Urban as % of total	Rural (millions)
1870	86·3*	9·5*	11	76·8*
1897 census	106·3			
estimate	124·6^y	18·4^y	15	106·2^y
1914 est., 1 Jan.	139·3^x	24·7^x	18	114·6^x
1920 census, 28 Aug.	130·9	20·8	16	110·1
1923 urban census and est., 15 March	133·5	21·6	16	111·9
1924 est., 1 Jan.	137·6			
1925 est., 1 Jan.	140·6			
1926 est., 1 Jan.	143·8			
census, 17 Dec. 1926	147·0	26·3	18	120·7
1929 1 Jan.	154·3	27·6	18	126·7
1931 est., 1 July	162·1‡	33·6‡	21	128·5‡
1933 est.	165·7‡	40·3‡	24	125·4‡
1939 census, 17 Jan.	170·6	56·1	33	114·5
est.	190·7^y	60·4^y	32	130·3^y

^{x} Pre-September 1939 territory ^{y} present territory
* Probably present territory; source does not specify.
‡ Contemporary estimates shown by 1939 census to have been substantially too high.

1. POPULATION (continued)

	Total (millions)	Urban (millions)	% inc. over previous year	Urban as % of total	Rural (millions)	% inc.
1940 1 Jan. est.	194·1*	63·1		33	131.0	
1950	178·5	69·4		39	109·1	
1951	181·6	73·0	5·2	40	108·6	−0·5
1952	184·8	76·8	5·2	42	108·0	−0·6
1953	188·0	80·2	4·4	43	107·8	−0·2
1954	191·0	83·6	4·2	44	107·4	−0·4
1955	194·4	86·3	3·2	44	108·1	0·7
1956	197·9	88·2	2·2	45	109·7	1·5
1957	201·4	91·4	3·6	45	110·0	0·3
1958	204·9	95·6	4·6	47	109·3	−0·6
1959 15 Jan. census	208·8	100·0	4·6	48	108·8	−0·5
1960 1 Jan. est.	212·4	103·6	3·6	49	108·8	0
1961	216·3	107·9	4·2	50	108·4	−0·4
1962	220·0	111·2	3·1	51	108·8	0·4
1963	223·5	114·4	2·9	51	109·1	0·3
1964	226·7	117·7	2·9	52	109·0	−0·1
1965	229·6	120·7	2·5	53	108·9	−0·1
1966	232·2	123·7	2·5	53	108·5	−0·4
1967	234·8	126·9	2·6	54	107·9	−0·6
1968	237·2	129·8	2·3	55	107·4	−0·5
1969	239·5	132·9	2·4	55	106·6	−0·7
1970 15 Jan. census	241·7	136·0	2·3	56	105·7	−0·8
1971 1 Jan. est.	243·9	138·8	2·1	57	105·1	−0·6

Note. The 1966-70 figures are the revised ones first published in *Nar. Khoz. 1969*, adjusted in the light of the 1970 census.

Sources: *Nar. Khoz. SSSR* (1932), 401
Nar. Khoz. 1964, 7; *1965*, 7; *1969*, 7; *1970*, 7; *1979*, 7; *1980*, 7
Pravda (24 January 1982)
Sots. stroi. SSSR (1935), xlviii
Sots. stroi. SSSR (1936), 542
Ten Years of Soviet Power in Figures, 1917-27, 32

1. POPULATION (continued)

	Total (millions)	Urban (millions)	% inc. over previous year	Urban as % of total	Rural (millions)	% inc.
1972 1 Jan est.	246·3	142·0	2·3	58	104·3	−0·8
1973	248·6	145·4	2·4	58	103·3	−1·0
1974	250·9	148·6	2·2	59	102·3	−1·0
1975	253·3	151·9	2·2	60	101·4	−0·9
1976	255·6	155·1	2·1	61	100·5	−0·9
1977	257·9	157·9	1·8	61	100·0	−0·5
1978	260·1	160·6	1·7	62	99·5	−0·5
1979 17 Jan. Census	262·4	163·6	1·9	62	98·8	−0·7
1980 1 Jan est.	264·5	166·2	1·6	63	98·3	−0·5
1981	266·6	168·9	1·6	63	97·7	−0·6
1982	268·8					

Note. The first census after the revolution of which full results were published was in 1926. The next was taken in 1937, but no figures ever appeared. It was repeated in 1939, but only very little data was published. The 1959 and 1970 census were published fully, and the first figures of the 1979 one have appeared.

2. BIRTH, DEATH AND NATURAL INCREASE RATES
(per 1000 of population)

	Births	*Deaths*	*Natural increase*
1913[x]	47·0	30·2	16·8
[y]	45·5	29·1	16·4
1926	44·0	20·3	23·7
1928	44·3	23·3	21·0
1937	38·7	18·9	19·8
1938	37·5	17·5	20·0
1939	36·5	17·3	19·2
1940	31·2	18·0	13·2
1946	23·8	10·8	13·0
1950	26·7	9·7	17·0
1951	27·0	9·7	17·3
1952	26·5	9·4	17·1
1953	25·1	9·1	16·0
1954	26·6	8·9	17·7
1955	25·7	8·2	17·5
1956	25·2	7·6	17·6
1957	25·4	7·8	17·6
1958	25·3	7·2	18·1
1959	25·0	7·6	17·4
1960	24·9	7·1	17·8
1961	23·8	7·2	16·6
1962	22·4	7·5	14·9
1963	21·2	7·2	14·0
1964	19·6	6·9	12·7
1965	18·4	7·3	11·1
1966	18·2	7·3	10·9
1967	17·3	7·6	9·7
1968	17·2	7·7	9·5
1969	17·0	8·1	8·9
1970	17·4	8·2	9·2

[x] Pre-1939 boundaries   [y] present boundaries

2. BIRTH, DEATH AND NATURAL INCREASE RATES
(continued)

(per 1000 of population)

	Births	Deaths	Natural increase
1971	17·8	8·2	9·6
1972	17·8	8·5	9·3
1973	17·6	8·7	8·9
1974	18·0	8·7	9·3
1975	18·1	9·3	8·8
1976	18·4	9·5	8·9
1977	18·1	9·6	8·5
1978	18·2	9·7	8·5
1979	18·2	10·1	8·1
1980	18·3	10·3	8·0

Sources: *Nar. Khoz. 1969*, 31; *1970*, 47; *1979*, 36; *1980*, 31
Strana Sovetov za 50 let (1966), 257
Zdravookhranenie v SSSR (1960), 40

3. NATIONAL INCOME
(produced)

	Index (in constant prices)	% inc. over previous year		Index (in constant prices)	% inc. over previous year
1913	**100**	..	1952	204	10·9
1917	71	..	1953	224	9·8
1920	40		1954	251	12·1
1921	38	−5·0	1955	281	12·0
1926	103		1956	313	11·4
1927	110	6·8	1957	334	6·7
1928	119	8·2	1958	376	12·6
1929	138	16·0	1959	404	7·4
1930	167	21·0	1960	435	7·7
1931	195	16·8	1961	465	6·9
1932	217	11·3	1962	491	5·6
1933	231	6·5	1963	511	4·1
1934	266	15·2	1964	559	9·4
1935	317	19·2	1965	597	6·8
1936	410	29·3	1966	645	8·1
1937	459	12·0	1967	699	8·4
1938	500	8·9	1968	759	8·6
1940	611		1969	795	4·7
			1970	866	8·9
1940	**100**				
			1970	**100**	
1941	92	−8·0			
1942	66	−28·3	1971	106	6·0
1943	74	12·1	1972	110	3·8
1944	88	18·9	1973	120	9·1
1945	83	−5·7	1974	126	5·0
1946	78	−6·0	1975	132	4·8
1949	136		1976	139	5·3
1950	164	20·6	1977	146	5·0
1951	184	12·2	1978	153	4·8
			1979	157	2·6
			1980	162	3·2

Note. The pre-1940 index seems to be based on the uncorrected crop figures of the time (see table 60 on Grain Output, p. 110), not the corrected ones, which however are the basis of table 5 on Gross Agricultural Production, p. 13.

Sources: *Bol'shaya Sovetskaya Entsiklopediya,*2nd ed., 29, 302
Istoriya Velikoi otechestvennoi voiny, 1941–45, VI, 45 (war years)
Nar. Khoz. 1967, 671; *1969*, 557; *1970*, 533; *1975*, 563; *1979*, 405; *1980*, 379

3. NATIONAL INCOME (continued)
(produced) (continued)
(*in current prices*)

	(mlrd rubles)	*% inc. over previous year*
1960	145·0	–
1961	152·9	5·4
1962	164·6	7·7
1963	168·8	2·6
1964	181·3	7·4
1965	193·5	6·7
1966	207·4	7·2
1967	225·5	8·7
1968	244·1	8·2
1969	261·9	7·3
1970	289·1	10·7
1971	305·0	5·2
1972	313·6	2·8
1973	337·8	7·7
1974	354·0	4·8
1975	363·3	2·5
1976	385·7	6·2
1977	405·6	5·2
1978	426·3	5·1
1979	440·6	3·4
1980	458·5	4·1
1981	474	3·4

Source: *Nar. Khoz. 1970*, 533; *1979*, 405; *1980*, 379
  Pravda (24 January 1982)

3. NATIONAL INCOME (continued)
(utilised)
(*in current prices*)

	Total national income utilised mlrd rubles	% inc. over previous year	Consump-tion mlrd rubles	% inc. over previous year	Accumultion and other expenditure	% inc. over previous year
1959	132·9	–	97·3	–	35·6	–
1960	142·8	7·4	104·5	7·4	38·3	7·6
1961	151·0	5·7	108·1	3·4	42·9	12·0
1962	162·5	7·6	117·5	8·7	45·0	4·9
1963	166·4	2·4	124·1	5·6	42·3	−6·0
1964	180·0	8·2	130·0	4·8	50·0	18·2
1965	190·5	5·8	140·3	7·9	50·2	0·4
1966	204·2	7·2	150·0	6·9	54·2	8·0
1967	221·5	8·5	162·1	8·1	59·4	9·6
1968	239·6	8·2	174·8	7·8	64·8	9·1
1969	256·7	7·1	187·3	7·2	69·4	7·1
1970	285·5	11·2	201·3	7·5	84·2	21·3
1971	300·1	5·1	213·0	5·8	87·1	3·4
1972	310·7	3·5	225·4	5·8	85·3	−2·1
1973	334·6	7·7	237·0	5·1	97·6	14·4
1974	348·4	4·1	250·3	5·6	98·1	0·5
1975	363·0	4·2	266·4	6·4	96·6	−1·5
1976	383·0	5·5	279·7	5·0	103·3	6·9
1977	399·4	4·3	292·5	4·6	106·9	3·5
1978	420·6	5·3	307·9	5·3	112·7	5·4
1979	432·9	2·9	323·6	5·1	109·3	−3·0
1980	450·8	4·1	343·6	6·2	107·2	−1·9

Note. In some sources accumulation is broken down into growth of pro-ductive and non-productive fixed capital and of material working capital and reserves. No other sub-division is published.

Sources: *Nar. Khoz., 1969*, 559–60, *1975*, 565–6; *1979*, 406; *1980*, 380

4. GLOBAL INDUSTRIAL PRODUCTION
(index and annual % increase)

	Total		Producer goods		Consumer goods	
	Index	*% inc. over previous year*	*Index*	*% inc. over previous year*	*Index*	*% inc. over previous year*
1913	**100**		**100**		**100**	
1917	71		81		67	
1921	31		29		33	
1924	45		52		41	
1925	73	62·2	80	53·8	69	68·3
1926	98	34·2	113	41·3	90	30·4
1927	111	13·3	128	13·3	102	13·3
1928	132	18·9	155	21·1	120	17·6
1929	158	19·7	200	29·0	137	14·2
1930	193	22·2	276	38·0	151	10·2
1931	233	20·7	355	28·6	171	13·2
1932	267	14·6	424	19·4	187	9·4
1933	281	5·2	450	6·1	196	4·8
1934	335	19·2	563	25·1	220	12·2
1935	411	22·7	713	26·6	258	17·3
1936	529	28·7	934	31·0	324	25·6
1937	588	11·2	1013	8·5	373	15·1
1938	657	11·7	1138	12·3	415	11·3
1939	763	16·1	1353	18·9	464	11·8
1940	852	11·7	1554	14·9	497	7·1
1940	**100**		**100**		**100**	
1941	98	−2·0	(140, 94)*			
1942	77	−21·4	(186, 53)*			
1943	90	16·9	(224, 59)*		54	
1944	104	15·6	136 (251, 75)*			

* Figures in brackets are for arms and fuel industries respectively.

4. GLOBAL INDUSTRIAL PRODUCTION (continued)
(index and annual % increase)

	Total		Producer goods		Consumer goods	
	Index	% inc. over previous year	Index	% inc. over previous year	Index	% inc. over previous year
1945	92	−15·3	112	−17·6	59	9·3
1946	77	−16·3	82	26·8	67	13·6
1947	93	20·8	101	23·2	82	22·3
1948	118	26·9	130	28·7	99	20·7
1949	141	19·5	163	25·4	107	8·1
1950	173	22·7	205	25·8	123	15·0
1951	202	16·8	239	16·6	143	16·3
1952	225	11·4	268	12·1	158	10·5
1953	252	12·0	299	11·6	177	12·0
1954	285	13·1	340	13·7	200	13·0
1955	320	12·3	390	14·7	217	8·5
1956	354	10·6	434	11·3	237	9·2
1957	390	10·2	481	10·8	256	8·0
1958	430	10·3	536	11·4	277	8·2
1959	479	11·4	602	12·3	304	9·7
1960	524	9·4	666	10·6	326	7·2
1961	572	9·2	735	10·4	348	6·7
1962	627	9·6	814	10·7	374	7·5
1963	678	8·1	891	9·5	393	5·1
1964	728	7·4	970	8·9	408	3·8
1965	791	8·7	1056	8·9	442	8·3
1966	860	8·7	1153	9·2	475	7·5
1967	946	10·0	1269	10·1	522	9·9
1968	1024	8·2	1375	8·4	566	8·4
1969	1097	7·1	1471	7·0	608	7·4
1970	1190	8·5	1593	8·3	662	8·9

4. GLOBAL INDUSTRIAL PRODUCTION (continued)
(index and annual % increase)

	Total	% inc. over previous year	Producer goods	% inc. over previous year	Consumer goods	% inc. over previous year
	Index	year	Index	year	Index	year
1970	**100**		**100**		**100**	
1971	108	8·0	108	8·0	108	8·0
1972	115	6·5	115	6·5	114	5·6
1973	123	7·0	125	8·7	120	5·3
1974	133	8·1	135	8·0	129	7·5
1975	143	7·5	146	8·1	137	6·2
1976	150	4·9	154	5·5	141	2·9
1977	159	6·0	163	5·8	149	5·7
1978	166	4·4	171	4·9	155	4·0
1979	172	3·6	177	3·5	160	3·2
1980	178	3·6	183	3·6	165	3·4
1981	184*	3·4	189*	3.3	171*	3.6

* Calculated from percentage increase in source.

Note. It will be observed that in 1974, 1977 and 1979 the overall index and the two components are inconsistent.

Sources: *Istoriya ... 1941–45*, VI, 45 (war years)
  Nar. Khoz. 1959, 141; *1969*, 144; *1970*, 130; *1975*, 190; *1980*, 122 *Pravda* (24 January 1982)

5. GLOBAL AGRICULTURAL PRODUCTION

	Total	% inc. over previous year	Crops	% inc. over previous year	Livestock	% inc. over previous year
	Index	year	Index	year	Index	year
1913	**100**		**100**		**100**	
1917	88	..	81	..	100	..
1920	67	..	64	..	72	..
1921	60	− 10·4	55	− 14·1	67	− 6·9
1922	75	25·0	75	36·4	73	9·0
1923	86	14·7	84	12·0	88	20·5
1924	90	4·7	82	− 2·4	104	18·2
1925	112	24·4	107	30·5	121	16·3
1926	118	5·4	114	6·5	127	5·0
1927	121	2·5	113	− 0·9	134	5·5
1928	124	2·5	117	3·5	137	2·2
1929	121	− 2·4	116	− 0·9	129	− 5·8
1930	117	− 3·3	126	8·6	100	− 22·5
1931	114	− 2·6	126	0	93	− 7·0
1932	107	− 6·1	125	− 0·8	75	− 19·4
1933	101	− 5·6	121	− 3·2	65	− 13·3
1934	106	5·0	125	3·3	72	10·8
1935	119	12·3	138	10·4	86	19·4
1936	109	− 8·4	118	− 14·5	96	11·6
1937	134	22·9	150	27·1	109	13·5
1938	120	− 10·5	120	− 20·0	120	10·1
1939	121	0·8	125	4·2	119	− 1·7
1940	141	16·5	155	24·0	114	− 4·2
1940	**100**	..	**100**	..	**100**	..
1941	62	− 38·0				
1942	38	− 38·7				
1943	37	− 2·6				
1944	54	45·9				

5. GLOBAL AGRICULTURAL PRODUCTION (continued)

| | Total | | Crops | | Livestock | |
	Index	% inc. over previous year	Index	% inc. over previous year	Index	% inc. over previous year
1945	60	11·1	57	..	64	..
1946	68	13·3	65	14·0	76	18·8
1947	87	27·9	91	40·0	78	2·6
1948	97	11·5	102	12·1	84	7·7
1949	99	2·1	101	− 1·0	95	13·1
1950	99	0	97	− 4·0	104	9·5
1951	93	− 6·1	86	−11·3	110	5·8
1952	101	8·6	96	11·6	113	2·7
1953	104	3·0	96	0	124	9·7
1954	109	4·8	99	3·1	134	8·1
1955	121	11·0	113	14·1	140	4·5
1956	137	13·2	130	15·0	155	10·7
1957	141	2·9	128	− 1·5	172	11·0
1958	156	10·6	147	14·8	180	4·7
1959	157	0·6	140	− 4·8	194	7·8
1960	160	1·9	147	5·0	193	− 0·5
1961	165	3·1	149	1·4	202	4·7
1962	167	1·2	149	0	207	2·5
1963	155	− 7·2	136	− 8·7	194	− 6·3
1964	177	14·2	175	28·7	191	− 1·5
1965	180	1·7	161	− 8·0	223	16·8
1966	196	8·9	182	13·0	232	4·0
1967	199	1·5	183	0·5	239	3·0
1968	208	4·5	195	6·6	244	2·1
1969	201	− 3·4	182	− 6·7	244	0
1970	221	10·0	204	12·1	265	8·6

5. GLOBAL AGRICULTURAL PRODUCTION (continued)

	Total	% inc. over previous year	Crops	% inc. over previous year	Livestock	% inc. over previous year
	Index	year	Index	year	Index	year
1970	**100**		**100**		**100**	
1971	101	1·0	99	− 1·0	104	4·0
1972	97	− 4·0	91	− 8·1	103	− 1·0
1973	113	16·5	116	27·5	109	5·8
1974	109	− 3·5	104	− 10·3	115	5·5
1975	103	− 5·5	93	− 10·6	112	− 2·6
1976	109	5·8	110	18·3	109	− 2·7
1977	114	4·6	108	− 1·8	119	9·2
1978	117	2·6	114	5·6	120	0·8
1979	113	− 3·4	107	− 6·1	120	0
1980	110	− 2·7	104	− 2·8	117	− 2·5
1981	108*	− 2				

* Calculated from percentages or indexes in sources.

Note. Coverage is of pre-1939 territory for 1917–39 inclusive; present terri-
tory for 1940 on.

Sources: *Istoriya ... 1941–45*, VI, 45 (war years)
  Nar. Khoz. 1969, 289; *1970*, 275; *1975*, 313; *1978*, 196; 1979, 222–
  3; *1980*, 41; *Pravda* (24 January 1982)
  Sel. Khoz. SSSR (1960), 79

6. INVESTMENT*
(mlrd. rubles (new), constant 1955 prices)

Total	Total state	State centralised	Kolkhoz	Industry (all sources)	Agriculture (all sources)
1918–28 (exc. 4th quarter), 4·1		1918–28 (exc. 4th quarter), 1·674		1918–28 (exc. 4th quarter) 0·631	1918–28 (exc. 4th quarter) 0·114
1928	0·828	0·794	0·038		
1929				4th quarter 1928–32 inc. 2·76	4th quarter 1928–32 inc. 1·13
1930	1·39	1·32	0·106		
1931	2·02	1·90	0·083		
1932 4th quarter 1928–1932 inc., 7·3	2·35	2·20	0·078		
1933	1·94	1·79	0·119		
1934	2·55	2·37	0·137	1933–7 inc.	1933–7 inc.
1935	2·98	2·78	0·188	6·16	2·01
1936	4·07	3·84	0·251		
1937 1933–7 inc., 16·6	3·62	3·44	0·298		
1938	3·81	3·62	0·302	1938–1st half 1941 inc.	1938–1st half 1941 inc.
1939 1938–1st half 1941 inc., 17·3	4·43	4·15	0·362	5·92	1·88
1940	4·73	4·45	0·436		
1941	4·07	3·96	0·334		
1942 2nd half 1941–5 inc., 17·5	2·49	2·45	0·242	2nd half 1941–5 inc. 7·44	2nd half 1941–5 inc. 1·65
1943	2·50	2·44	0·304		
1944	3·41	3·33	0·427		

* Total state investment means all investment financed by state institutions and enterprises, i.e. excluding collective farms and private individuals. State centralised investment is that part (the largest part) of state investment which is allocated by the central planning authorities; other state investment is by enterprises and institutions using the resources left at their own disposal for this purpose. The difference between the sum of total state and *kolkhoz* (collective farm) investment and the overall total is accounted for by private investment in house-building. The figures given for industry and agriculture are for all sources of finance, but are for productive investment pertaining to these sectors' output, excluding, for example, construction of cultural amenities by industrial enterprises or farms.

6. INVESTMENT (continued)
(mlrd rubles (new), constant 1955 prices)

	Total	Total state	State centralised	Kolkhoz	Industry (all sources)	Agriculture (all sources)
1945		4·21*	4·09	0·399		
1946		5·04*	4·81	0·521		
1947		5·47*	5·13	0·642		
1948		6·63*	6·33	0·673		
1949		8·11*	7·63	0·563		
1946–50 inc., 41·2					15·7 1946–50 inc., 5·0	
1950		9·4	9·21	0·751		1·66
1951		10·6	10·3	0·921	4·18	1·86
1952		11·9	11·6	1·1		1·93
1953		12·5	12·1	1·2	(6·4)†	1·91
1954	10·9	14·6	14·1	1·4		2·76
1951–5 inc., 77·7					31·4 1951–5 inc., 11·6	
1955	22·4	16·1	15·2	2·1		3·80
1956	25·3	18·6	17·1	2·3	(9·4)†	4·02
1957	29·4	21·1	19·1	2·2	(9·9)†	4·20
1958	33·3	23·9	20·6	2·8	10·0(11·2)†	4·71
1959	35·9	26·7	22·9	3·5	(13·0)†	5·07
1960	37·5	30·0	25·8	3·2	12·7(14·3)†	5·16
1961	39·3	31·9	28·1	3·2	13·1	5·35
1962	41·3	34·0	30·4	3·3	14·0	5·94
1963	45·0	36·1	32·4	3·4	14·9	6·55
1964	48·7	39·4	34·9	3·9	16·7	7·82
1965	§61·0	42·7	37·0	4·3	17·7	8·57
1966	52·4	45·8	39·0	4·9	18·3	9·39
1967	56·7	§53·7	§45·6	§5·6	§21·8	§10·1
1968	66·0	58·0	48·0	6·4	23·3	10·8
1969	71·2	49·4	41·0	7·1	25·2	12·1
	73·6	62·5	50·4	6·2	21·3	11·2
1970	82·0	65·1	52·3	6·8	26·2	12·6
		55·8	44·9	5·9	22·0	11·7
		72·7	57·2	7·7	29·6(28·6)	14·2

6. INVESTMENT (continued)
(*mlrd rubles (new), constant 1955 prices*)

	Total	Total state	State centralised	Kolkhoz	Industry (all sources)	Agriculture (all sources)
1971	88·0	78·1	61·1	8·2	30·3	16·5
1972	94·3	83·8	65·4	8·9	32·4	18·1
1973	98·7	87·4	70·2	9·6	34·1	20·0
1974	105·7	93·8	76·5	10·2	36·6	21·7
1975	114·9(112·9)	102·3(100·4)	83·9	10·8(10·7)	39·8	23·3
1976	118·0	105·3	na	11·0	41·6	24·3
1977	122·3	109·3	na	11·3	43·5	24·9
1978	129·7	116·4	na	11·6	46·0	25·8
1979	130·6	117·1	na	11·8	46·2	26·3
1980	133·5	120·0	na	11·9	47·3	26·9
1981	c.138					

* 1945–9 total state figures have slightly different coverage from subsequent years (on previous units, 1950 figure is 9·6).
† The figures in brackets are on a slightly different coverage.
§ These higher figures are in the revised prices of 1967. The statistics appeared in the old prices until 1969, but the 1970 *Nar. Khoz.* showed them recalculated. The second figure (in brackets) for 1970 is on a slightly narrower definition, which is also the basis of the subsequent figures in this column.

Sources: *Nar. Khoz. 1961*, 537–8; *1965*, 528, 529, 530; *1969*, 501, 503, 504–5; *1970*, 478, 481, 482–3; *1975*, 502, 503, 505, 508, 511; *1978*, 338, 342–3; *1979*, 363, 366–7; *1980*, 333, 336–7; *Kapital'noe stroitel'stvo v SSSR, stat. sbor.* (1961), 51, 155; *Pravda* (24 January 1982)

7. PRICES (indices)

	State retail trade (including public catering)						Urban kolkhoz markets (excluding cattle)	
	All goods		Food		Non-food			
1940		**100**		**100**		**100**	**100**	
1947 (4th quarter)	**100**		**100**		**100**			
1948	83		82		86			
1949 (i:iii)	71		68		78			
1950 (i:iii)	57	186	53	203	65	165	98	
1951 (i:iii)	53	170	48	181	63	157		
1952 (i:iv)	50	161	43	166	62	156		
1953		146		146		145		
1954		138		141		134	110	
1955		138		141		134	112	
1956		138		143		133	100	
1957		138		143		133	98	
1958		141		149		133	106	
1959		140		148		132	102	
1960		139		147		130	108	**100**
1961		138		146		129	117	108
1962		140		150		129	128	118
1963		141		153		129	144	134
1964		141		152		128	152	141
1965		140		152		126	127	118
1966		139		151		124	129	119
1967		139		151		124	129	119
1968		139		151		124	137*	127*
1969		139		152		124		
1970		139		152		124		

* Since 1968 *kolkhoz* market trade data have ceased to appear.

7. PRICES (indices) (continued)

	All goods	State retail trade (including public catering) Food	Non-food
1971	139	153	123
1972	139	153	122
1973	139	153	122
1974	139	153	122
1975	139	154	122
1976	139	154	122
1977	139	154	122
1978	140	155	123
1979	142	156	125
1980	143	157	127

Note. Price indices are not given in the official statistical handbooks for most of the prewar period. Using archive materials a Soviet scholar, A. Malafeyev, in *Istoriya tsenoobrazovaniya v SSSR* (Moscow 1964), calculated an index for prices in state and co-operative retail trade of 255 for 1932 (1928 = 100). The rise in free market prices was very much greater; in the first half of 1932 they were on average 769% above the levels of 1927–8. He calculated that from 1932 to 1937 state and co-operative prices of all types taken together rose on average by 110·2%, but since free market prices fell (1932, 100; 1933, 148·2; 1934, 90·8; 1935, 64·6; 1936, 55·3; 1937, 62·3), he calculated the overall retail price index for 1937 as 80% above 1932.

Sources: *Nar. Khoz. 1959,* 677, 710; *1960,* 716, 739; *1968,* 639, 655; *1970,* 602; *1975,* 643; *1980,* 437
Sovetskaya Torgovlya (1956), 131, 132, 183
The *kolkhoz* market indices have been recalculated from several *Nar. Khoz.* volumes: *1962,* 532, 543; *1963,* 539; *1964,* 647, 659; *1967,* 739.

8. INTERNAL TRADE
Turnover

(mlrd new (1961) rubles, in current prices)

	Total state and co-operative retail trade inc. public catering	of which retail trade	% food in total	% urban in total	kolkhoz market trade
1924	0·29	0·27		74	
1925	0·51	0·49		71	
1926	0·76	0·73		70	
1927	0·94	0·91		67	
1928	1·18	1·14	48·1	67	
1929	1·52	1·46		67	
1930	1·89	1·76		64	
1931	2·79	2·52		68	
1932	4·04	3·55	55·1	68	0·750
1933	4·98	4·34	58·8	71	1·15
1934	6·18	5·48	62·3	74	1·40
1935	8·17	7·45	65·4	72	1·45
1936	10·68	9·88		70	
1937	12·59	11·58	63·1	69	
1938	14·00	12·74	62·9	70	2·44
1939	16·58	14·93	63·1	69	
1940	17·51	15·22	63·1	71	2·91
1945	16·01	12·70	75·6	74	
1946	24·72	19·84	74·5	77	
1947	33·08	26·27	71·9	82	
1948	31·02	26·47	64·4	80	
1949	33·51	28·96	61·4	77	
1950	35·96	31·22	58·4	76	4·92
1951	37·98	32·96	57·8	75	5·08
1952	39·36	34·02	57·3	75	5·37
1953	43·07	37·36	55·1	75	4·88
1954	48·19	42·19	54·8	74	5·10

8. INTERNAL TRADE (continued)
Turnover (continued)

(mlrd new (1961) rubles, in current prices)

	Total state and co-operative retail trade inc. public catering	of which retail trade	% food in total	% urban in total	kolkhoz market trade
1955	50·19	44·31	54·9	73	5·23
1956	54·74	48·70	54·7	73	4·81
1957	62·50	56·19	54·0	74	4·66
1958	67·72	61·29	54·6	74	4·84
1959	71·92	65·48	54·6	75	4·62
1960	78·56	71·53	54·4	76	4·34
1961	81·08	73·66	55·3	76	4·66
1962	87·30	79·21	56·2	76	5·27
1963	91·69	82·92	57·9	77	4·98
1964	96·36	86·74	58·2	77	5·23
1965	104·76	94·70	57·7	77	4·95
1966	113·02	102·29	57·4	77	5·10
1967	123·58	111·94	57·0	77	5·32
1968	134·19	121·45	56·2	77	5·51
1969	144·40	130·38	55·9	78	

8. INTERNAL TRADE (continued)
Turnover (continued)

(mlrd new (1961) rubles, in current prices)

	Total state and co-operative retail trade inc. public catering	of which retail trade	% food in total	% urban in total	kolkhoz market trade
1970	155·21	140·18	55·5	77	4·2*
1971	165·58	149·69	55·2	78	4·1
1972	176·42	159·79	54·7	78	4·6
1973	185·67	168·14	54·5	78	4·6
1974	196·56	178·03	54·2	78	4·8
1975	210·39	190·77	53·6	78	5·2
1976	220·14	199·62	53·2	79	5·8
1977	230·64	209·28	52·6	79	5·8
1978	241·31	219·10	52·2	79	6·5
1979	253·96	231·01	51·6	79	6·7
1980	270·55	246·54	50·8	79	7·4
1981	283·6				

* From 1970 this series is on a more restricted coverage than the figures up to 1968, as in the new series the 1965 figure is 3·6: the difference appears to be because sales of agricultural products on commission at contract prices by consumer cooperatives are now counted in state and cooperative retail trade, whereas previously they were included in kolkhoz trade (such sales were 1.1 mlrd. rubles in 1965 and 1.4 mlrd. rubles in 1975).

Note. Since all those figures are in current prices, and the level of *kolkhoz* market prices has typically been higher (at times very much higher) than state retail prices, they exaggerate the share of this trade in volume.

Sources: *Nar. Khoz. 1959*, 637, 642, 708; *1960*, 736; *1962*, 540; *1964*, 657; *1968*, 613, 614, 617, 654; *1970*, 577, 581; *1975*, 611, 617, 622; *1979*, 449, 453, 457; *1980*, 421, 425, 429
Sovetskaya Torgovlya (1956), 21, 39, 179
Pravda (24 January 1982)
Sots. stroi. Soyuza SSR 1933–8, 110; *1936*, 606

9. FOOD CONSUMPTION PER HEAD

1. Whole population
(kilogrammes per annum)

	Meat and animal fat (inc. poultry and fresh subproducts)	Milk and milk products (in milk equivalent)	Eggs (number)	Fish and fish products	Sugar	Vegetable oil	Potatoes	Vegetables and pulses	Fruit and Berries (exc. wine)	Grain products (bread,* flour, groats, beans, macaroni)
1913	29	154	48	6·7	8·1	—	114	40	11	200
1950	26	172	60	7·0	11·6	2·7	241	51		172
1958	36	238	108	9·8	24·2	4·7	150	71		172
1960	40	240	118	9·9	28·0	5·3	143	70		164
1964	38	238	113	12·2	32·2	6·6	140	74		159
1965	41	251	124	12·6	34·2	7·1	142	72	28	156
1966	44	260	132	12·9	35·3	6·3	135	73		153
1967	46	274	138	13·2	36·7	6·5	131	80		150
1968	48	285	144	14·3	37·4	6·5	131	79		149
1969	47	304	148	15·8	37·8	6·6	131	76		149
1970	48	307	158	15·4	38·8	6·8	130	83	35	149

9. FOOD CONSUMPTION PER HEAD (continued)

1. Whole population (continued)
(kilogrammes per annum)

	Meat and animal fat (inc. poultry and fresh subproducts)	Milk and milk products (in milk equivalent)	Eggs (number)	Fish and fish products	Sugar	Vegetable oil	Pota-toes	Vege-tables and pulses	Fruit and Berries (exc. wine)	Grain products (bread,* flour, groats, beans, macaroni)
1971	50	301	174	14·8	39·5	7·0	128	85	39	149
1972	51	296	185	15·1	38·8	6·9	121	80	36	145
1973	53	307	195	16·1	40·8	7·3	124	85	40	143
1974	55	315	205	16·5	41·0	7·9	121	87	37	
1975	57	316	216	16·8	40·9	7·6	120	89	39	141
1976	56	316	209	18·4	41·9	7·7	119	86	39	141
1977	56	321	222	17·1	42·4	8·1	120	88	41	139
1978	57	318	232	17·1	42·8	8·3	117	92	41	140
1979	58	319	235	16·3	42·0	8·4	115	98	38	138
1980	57	314	238	17·0	42·2	8·6	112	93	34	139

* Bread expressed as flour equivalent.
Sources: *Nar. Khoz. 1965*, 597; *1967*, 697; *1968*, 595; *1969*, 583; *1970*, 561; *1922–1972*, 372; *1973*, 630; *1974*, 603; *1980*, 405.

9. FOOD CONSUMPTION PER HEAD (continued)

2. State-employed labour force
(kilogrammes per annum)

	Meat and animal fat (inc. poultry and fresh subproducts)	Milk and milk products (in milk equivalent)	Eggs (number)	Fish and fish products	Sugar	Vegetable oil	Potatoes	Vegetables and pulses	Grain products (bread,* flour, groats, beans, macaroni)
1960	44	245	117	12·0	32·4	5·9	132	74	153
1965	43	257	124	14·4	36·7	7·4	135	78	149
1966	46	265	131	14·5	37·6	6·5	129	79	145
1967	49	279	137	14·8	38·5	6·8	125	85	143
1968	51	290	143	15·9	38·8	6·7	125	83	142

* Bread expressed as flour equivalent.

Note. Some index figures for the period before 1960 (post-war) are published, but they are for the 'workers' section of the state-employed labour force only, and cannot therefore be combined with the post-1960 figures for the whole state-employed labour force, as the difference in coverage is obviously large. These food consumption figures have not appeared for the state-employed labour force separately since 1968.

Source: *Nar. Khoz. 1967*, 697; *1968*, 595

9. FOOD CONSUMPTION PER HEAD (continued)

3. Collective farm members
(kilogrammes per annum)

	Meat and animal fat (inc. poultry and fresh subproducts)	Milk and milk products (in milk equivalent)	Eggs (number)	Fish and fish products	Sugar	Vegetable oil	Potatoes	Vegetables and pulses	Grain products (bread,* flour, groats, beans, macaroni)
1940	16	142	42	1·7	2·5		137	46	202
1952	13	149	47	2·3	4·9		224	41	192
1953	18	156	59	2·6	7·1		214	54	198
1954	21	166	72	3·0	9·0		188	57	198
1955	23	188	82	3·7	6·8		191	57	201
1956	26	210	89	4·1	10·8		191	58	202
1957	29	218	107	4·4	12·3		190	56	198
1958	30	232	111	4·9	14·2		171	59	198
1959	32	232	119	5·2	17·4		171	55	194
1960	30	228	122	5·4	18·2	4·1	168	59	188
1965	33	234	123	7·1	26·5	6·1	161	56	177
1966	35	246	133	7·9	28·3	5·4	154	56	176
1967	37	260	141	8·2	31·2	5·8	148	65	172
1968	37	268	146	9·0	32·9	6·0	151	65	172

* Bread expressed in flour equivalent.

Note. 1940–59 figures calculated from indices in sources. These food consumption figures have not appeared for collective farm members separately since 1968.

Sources: *Nar. Khoz. 1956*, 219; *1959*, 715; *1960*, 742; *1967*, 697; *1968*, 595

10. CONSUMER DURABLES–STOCKS
Whole population
(per 1000 of population at end of year)

	1960	1965	1966	1967	1968	1969	1970	1971	1972	1973	1974	1975	1976	1977	1978	1979	1980
Watches and clocks	794	885	897	902	922	935	1193*	1202	1216	1237	1271	1319	1362	1408	1445	1480	1523
Radio receivers (inc. radiograms)	129	165	170	177	186	193	199	206	211	216	222	230	235	239	243	246	250
TV sets	22	68	81	96	112	127	143	160	182	195	207	215	223	230	237	242	249
Cameras	49	67	70	73	75	76	77	77	77	77	77	77	78	80	83	87	91
Refrigerators	10	29	37	47	58	71	89	106	124	142	160	178	194	210	225	240	252
Washing machines	13	59	73	89	106	123	141	154	164	173	181	189	195	200	203	205	205
Vacuum cleaners	8	18	20	22	25	28	31	34	37	42	47	52	58	64	71	77	84
Motorcycles and scooters	10	17	18	19	20	20	21	22	22	23	24	25	26	27	27	28	29
Bicycles and mopeds	116	134	139	141	143	144	145	149	152	154	155	156	153	150	148	146	144
Sewing machines	107	144	148	150	154	157	161	165	167	170	174	178	181	184	186	187	190

* 958 in 1970 Nar. Khoz.

Sources: *Nar. Khoz. 1967*, 584; *1968*, 596; *1970*, 562; *1972*, 558; *1973*, 631; *1974*, 604; *1977*, 431; *1978*, 413; *1979*, 433; *1980*, 406

10. CONSUMER DURABLES–STOCKS (continued)
Urban population
(per 1000 of population, at end of year)

	1965	1970	1975	1976	1977	1978	1979	1980
Watches and clocks	1111	1463	1547	1567	1609	1663	1692	1739
Radio receivers								
(inc. radiograms)	199	237	260	261	266	272	272	276
TV sets	94	184	250	253	259	268	271	278
Cameras	108	110	110	110	110	110	114	119
Refrigerators	49	131	234	248	263	279	292	302
Washing machines	85	195	231	234	236	238	238	235
Vacuum cleaners	32	48	74	79	87	95	102	111
Motorcycles and								
scooters	14	15	17	17	17	18	18	19
Bicycles and								
mopeds	130	131	133	128	126	126	123	122
Sewing machines	159	173	182	182	184	187	187	189

Note. Some of the figures for 1975 given in *Nar. Khoz. 1978* are slightly higher than those for the same year in *Nar. Khoz. 1977*; we have given the most recently published figures here, but this may mean that those for 1976 and 1977 are not quite comparable with those for 1975 and 1978.

Sources: *Nar Khoz. 1977*, 432; *1978*, 414; *1979*, 434; *1980*, 407

10. CONSUMER DURABLES–STOCKS (continued)
Rural Population
(per 1000 of population, at end of year)

	1965	1970	1975	1976	1977	1978	1979	1980
Watches and clocks	627	837	967	1030	1074	1086	1120	1152
Radio receivers								
(inc. radiograms)	125	149	185	192	195	196	202	206
TV sets	37	88	161	174	181	186	193	200
Cameras	22	34	33	35	38	39	41	43
Refrigerators	7	34	91	106	122	135	151	167
Washing machines	29	71	122	131	140	145	153	158
Vacuum cleaners	3	8	20	23	27	30	34	37
Motorcycles and								
scooters	22	29	38	40	42	43	45	47
Bicycles and								
mopeds	139	164	192	193	190	184	184	183
Sewing machines	127	146	171	179	184	185	188	191

Note. Some of the figures for 1975 given in *Nar. Khoz. 1978* are slightly lower than those for the same year in *Nar. Khoz. 1977*; we have given the most recently published figures here, but this may mean that those for 1976 and 1977 are not quite comparable with those for 1975 and 1978. The reason for these variations and the corresponding ones in the previous table is presumably redesignation of certain formerly rural areas as urban.

Sources: *Nar Khoz. 1977*, 432; *1978*, 414; *1979*, 434; *1980*, 407

11. HOUSING
Area completed

(m. square metres of total (useful) space)

	Total (urban and rural) state, co-operative, kolkhoz and private	Total urban	Total state and co-operative (urban and rural)	Urban private	Rural private and kolkhoz
1918–28	203·0		23·7		
1929–32	56·9		32·6		
1933–7	67·3		37·2		
1938–41 (1st half)	81·6		34·4		
1941 (2nd half)–5	102·5		41·3		
1946–50 (inc. reconstruction)	200·9		72·4		
1946			12·6		
1947			11·8		
1948			14·7		
1949			15·5		
1950			17·8		
1951–5	240·5		113·0		
1951			20·3		
1952			20·0		
1953			23·2		
1954			24·5		
1955			25·0		
1956–60	474·1		224·0		
1956			29·5		
1957			38·5		
1958			46·7		
1959			53·5		

11. HOUSING (continued) .
Area completed (continued)

(m. square metres of total (useful) space)

	Total (urban and rural) state, co-operative, kolkhoz and private	Total urban	Total state and co-operative (urban and rural)	Urban private	Rural private and kolkhoz
1960	109·6	59·0	55·8	14·4	39·4
1961	102·7	56·1	56·6	12·4	33·7
1962	100·0	58·9	59·8	11·4	28·8
1963	97·6	58·4	61·9	9·8	25·9
1964	92·7	57·5	58·9	9·2	24·6
1965	97·6	60·7	63·2	8·0	26·4
1966	102·1	63·4	65·9	7·7	28·5
1967	104·5	66·1	68·7	7·8	28·0
1968	102·1	66·1	69·3	7·2	25·6
1969	103·8	68·6	72·0	7·1	24·7
1970	106·0	71·3	76·6	6·6	22·8
1971	107·6	72·9	78·7	6·0	21·3
1972	106·7	73·5	79·4	6·0	21·3
1973	110·5	77·6	82·9	6·9	20·7
1974	110·1	77·1	83·0	6·8	20·3
1975	109·9	76·3	83·3	6·7	19·9
1976	106·2	75·9	82·7	6·4	17·1
1977	107·8	77·2	84·2	6·3	17·3
1978	106·8	76·6	83·9	6·2	16·7
1979	101·5	72·7	79·0	6·3	15·6
1980	107·7	78·5	86·7	6·0	14·0
1981	106				

Notes. Before 1966 statistics for houses built on *kolkhozy*, both by the *kolkhozy* and privately, were published in numbers of houses, not in area, and data on these expressed in area have only appeared for years back to 1960.

Cols. 3, 4 and 5 add up to col. 1.

Sources: *Nar. Khoz. 1962*, 498; *1958*, 636; *1962*, 498; *1968*, 573, 574; *1969*, 562; *1970*, 538–9; *1975*, 569–70; *1980*, 387–8
    Pravda (24 January 1982)

11. HOUSING (continued)
Urban stock

(m. squares metres of total (useful) space, at end of year)

	Total	Socially owned	Private
1913	180	–	180
1940	421	267	154
1950	513	340	173
1960	958	583	375
1965	1238	806	432
1966	1290	854	436
1967	1350	906	444
1968	1410	959	451
1969	1469	1014	455
1970	1529	1072	457
1971	1594	1132	462
1972	1661	1193	468
1973	1730	1257	473
1974	1800	1322	478
1975	1867	1385	482
1976	1932	1446	486
1977	2001	1510	491
1978	2070	1574	496
1979	2134	1634	500
1980	2200	1696	504

Nar. Khoz. 1967, 682; *1969*, 568; *1970*, 546; *1975*, 576; *1979*, 418; *1980*, 392

12. LABOUR FORCE

1. Total state-employed
(*millions*)

	Total	% women		Total	% women
1913[x]	11·4		1953	45·4	48
[y]	12·9		1954	49·1	46
1920	5·0		1955	50·3	46
1924	7·4		1956	51·9	45
1925	8·6		1957	54·5	46
1926	10·0		1958	56·0	46
1927	10·7		1959	57·9	47
1928	11·4	24	1960	62·0	47
1929	12·4	27	1961	65·9	48
1930	15·4	27	1962	68·3	48
1931	20·2	27	1963	70·5	48
1932	24·2	27	1964	73·3	49
1933	23·5	30	1965	76·9	49
1934	24·8	32	1966	79·7	50
1935	25·9	33	1967	82·3	50
1936	27·2		1968	85·1	50
1937	28·6		1969	87·9	51
1938	29·9		1970	90·2	51
1939	31·6		1971	92·8	51
1940	33·9	39	1972	95·2	51
1945	28·6	56	1973	97·5	51
1946	32·0		1974	99·8	51
1947	33·5		1975	102·2	51
1948	35·8		1976	104·2	51
1949	37·6		1977	106·4	51
1950	40·4	47	1978	108·6	51
1951	42·3	48	1979	110·6	51
1952	43·9	48	1980	112·5	51
			1981	114·1	

[x] Pre-1939 territory [y] President territory

Sources: *Nar. Khoz. 1969*, 530, 537; *1970*, 509, 517; *1975*, 531, 541; *1980*, 357, 361
Pravda (24 January 1982)
Trud v SSSR (1936), 25 (for percentages women, 1928–35. The absolute labour force figures in this volume differ from those in the 1968 source). *Trud v SSSR* (1968), 22, 73

12. LABOUR FORCE (continued)

2. State-employed labour force by sectors* (*in thousands*)

	Industry	Agri-culture	Annual average number on kolkhozy	Forestry	Trans-port	Com-munica-tions	Con-struction
1928	4,339	1660	0·8	75	1302	95	749
1932	9,374	2949		100	2146	224	2313
1937	11,641	2609		248	2764	375	1604
1940	13,079	2703	29·0	280	3525	484	1620
1945	10,665	2731	23·5	199	3126	426	1527
1950	15,317	3437	27·6	444	4117	542	2603
1951	16,230						2692
1952	16,873	(3693)		462	4595	565	2809
1953	17,617	4026		416	(4770)	582	2870
1954	18,499						3202
1955	18,868	6157	24·8	389	{ 5056 (5039)	611	3210
1956	19,561	6095		390	(5216)	624	3567
1957	20,192	6793		377	(5355)	641	4017
1958	20,807	6195		367	5681	664	4442
1959	21,400			352	5972	691	4800
1960	22,620	7123	22·3	359	6279	738	5143
1961	23,475	7838	20·7	378	6518	790	5270
1962	24,297	8197	20·0	389	6677	832	5150
1963	25,057	8339	19·4	399	6841	877	5237
1964	25,933	8552	19·2	404	7054	928	5370
1965	27,447	8704	18·9	402	7252	1007	5685
1966	28,514	8894	18·6	409	7364	1073	5871
1967	29,448	8836		412	7467	1123	6124
1968	30,428	8903	18·0	421	7606	1187	6342
1969	31,159	9083	17·2	426	7803	1260	6651
1970	31,593	9180	16·7	433	7985	1330	6994

12. LABOUR FORCE (continued)

2. State-employed labour force by sectors* (*in thousands*)
(continued)

	Industry	Agri-culture	Annual average number on kolkhozy	Forestry	Trans-port	Com-munica-tions	Con-struction
1971	32,030	9499	16·3	432	8203	1394	7383
1972	32,461	9647	16·1	443	8446	1435	7640
1973	32,875	9885	15·9	444	8705	1465	7630
1974	33,433	10,102	15·7	449	8922	1499	7793
1975	34,054	10,265	15·2	453	9215	1528	7930
		(10,521)*					
1976	34,815	10,767	14·8	449	9378	1555	7999
1977	35,417	10,999	14·4	452	9609	1575	8052
1978	36,014	11,253	14·1	458	9863	1599	8119
1979	36,496	11,381	13·7	458	10,110	1613	8150
1980	36,891	11,650	13·5	458	10,324	1634	8174

* Figures in brackets are not fully comparable, but are the only ones available; the coverage seems to have been changed around 1965.

Note. The state-employed labour force consists of all employed people except members of collective farms, who are not technically state employees but members of a voluntary co-operative. The total state-employed labour force is thus substantially less than the total working population. The figures for the labour force by sectors include all people employed in the sectors irrespective of profession; e.g., all people working in schools, from headmasters to cleaners, are counted under education. For agriculture the figures for state-employed relate mostly to state farms. In addition, therefore, we give the annual average number of *kolkhoz* members. This includes a small number doing non-agricultural work, but it also excludes work on the private plots. The total of these two columns is thus considerably less than the total labour input into agriculture, because of the exclusion of the private plots, and also because it excludes labour temporarily directed to agriculture from other sectors at harvest time; this latter was 0.5 million (in annual average equivalent) in 1966.

All the above remarks apply also to the tables following on wages. The national average thus excludes *kolkhoz* members. Figures for average annual earnings of *kolkhoz* members are not published, either for pay from the farms or for earnings from their private plots. Because of the definition of sectors used, the figures give only a very rough indication of, for example, the relative trend of teachers' and industrial workers' pay.

12. LABOUR FORCE (continued)

2. State-employed labour force by sectors* (*in thousands*)
(continued)

	Trade public catering, supply and procure- ments	Housing and communal services	Health and social insur- ance	Educa- tion and cul- ture	Science and scien- tific services	Credit and state insur- ance	State, economic, co- operative and social adminis- tration
1928	606	158	399	725	82	95	1010
1932	2223	711	669	1292	145	128	1650
1937	2551	1102	1127	2088	279	193	1488
1940	3351	1516	1512	2678	362	267	1837
1945	2445	1046	1419	2352	289	197	1645
1950	3360	1371	2051	3315	714	264	1831
1952	3495	(1315)	2226	3553	829	262	1786
1953	(3463)	(1345)	2308	3647	860	263	1726
1955	3756 (3725)	1583 (1400)	2627	3988	992	265	1361
1956	(3826)	(1503)	2736	4103	1094	266	1342
1957	(4017)	(1579)	2892	4250	1208	266	1294
1958	4190	1754	3059	4378	1338	260	1294
1959	4389	(1713)	3245	4556	1474	260	1273
1960	4675	1920	3461	4803	1763	265	1245
1961	5010	2030	3677	5165	2011	277	2127
1962	5253	2096	3818	5521	2213	283	1316
1963	5487	2182	3933	5835	2370	289	1308
1964	5752	2282	4082	6204	2497	296	1354
1965	6009	2386	4277	6600	2625	300	1460
1966	6261	2489	4427	6895	2741	313	1546
1967	6575	2674	4545	7172	2850	329	1651
1968	6964	2800	4747	7507	2990	345	1744
1969	7287	2930	4927	7777	3128	363	1834
1970	7537	3052	5080	8025	3238	388	1883

12. LABOUR FORCE (continued)

2. State-employed labour force by sectors* (*in thousands*) (continued)

	Trade public catering, supply and procurements	Housing and communal services	Health and social insurance	Education and culture	Science and scientific services	Credit and state insurance	State, economic, co-operative and social administration
1971	7816	3213	5239	8262	3374	411	1935
1972	8100	3376	5386	8482	3544	439	2008
1973	8392	3527	5522	8708	3735	465	2087
1974	8640	3664	5655	8924	3864	493	2168
1975	8857	3805	5769	9136 (9192)†	4046 (3970)*	519	2243
1976	9010	3896	5878	9393	3860	546	2234
1977	9204	4046	5962	9622	3969	574	2290
1978	9361	4218	6033	9915	4069	604	2348
1979	9526	4354	6197	10,128	4264	632	2411
1980	9694	4512	6223	10,456	4379	649	2495

There is also a small category called Art, not included in Culture, which comprised 173,000 in 1940, 412,000 in 1970, 446,000 in 1975 and 456,000 in 1979.

* From 1975 the definitions were changed, transferring 256,000 from science and scientific services to agriculture.

† From 1975 the definitions were changed, transferring 56,000 from administration to education and culture.

Sources: *Nar. Khoz. 1958*, 658–9; *1962*, 453–4; *1964*, 546–7; *1965*, 558–9; *1968*, 548–9; *1969*, 397, 530–1; *1970*, 382, 510–11; *1975*, 414; 532–3, *1979*, 285, 387–8; *1980*, 282, 357–8
Strana Sovetov za 50 Let, 218–19
Trud v SSSR (1968), 24–5, 81, 121, 124–5

1. Annual money average for state-employed labour force*
(current (pre-war) rubles)

	Total	Large-scale industry	Small-scale industry	Construction	Transport Total	Rail	Water	Other	Agriculture (inc. forestry and fishing)
1923/24	—	456	369	537	386	375	460	403	—
1924/25	450	566	459	676	529	514	627	554	201
1925/26	571	701	506	826	715	710	707	741	250
1926/27	624	778	561	911	787	786	799	782	267
1928	703	870	637	996	861	859	904	846	313
1929	800	957	680	1025	929	906	1031	984	399
1930	936	1035	823	1082	1064	1030	1162	1147	547
1931	1127	1184	1037	1243	1196	1159	1273	1279	799
1932	1427	1473	1251	1509	1506	1496	1509	1539	940
1933	1566	1662	1486	1641	1672	1637	1709	1738	1082
1934	1858	1927	1528	2042	1954	1930	2103	1961	1287
1935	2269	2375	1680	2497	2389	2311	2533	2507	1575
1938	3467								

	Communications	Trade	Public catering	Credit	Education	Health	Administration	Communal enterprises	Domestic and casual
1923/24	402	616	568	789	—	—	—	399	152
1924/25	499	641	586	807	389	413	564	486	187
1925/26	615	746	561	914	509	500	750	603	220
1926/27	712	760	591	920	544	569	818	607	236
1928	776	783	623	981	678	638	903	696	251
1929	721	798	733	971	788	727	1020	712	400
1930	760	893	778	1199	978	799	1170	814	431
1931	1029	1071	837	1518	1253	938	1471	1099	483
1932	1333	1351	1059	1834	1633	1248	1943	1453	828
1933	1450	1343	1122	2128	1765	1413	2354	1529	784
1934	1571	1483	1242	2336	1941	1545	2694	1663	849
1935	1944	1851	1552	2664	2328	2249	3246	1964	1074

13 WAGES (continued)

2. Monthly money average for state-employed labour force*
(current (new) rubles)

	Total state-employed	Industry total	Industrial workers	State farms	All transport	Rail transport	Water transport	Road, urban electric and other transport, and loaders	Communications
1940	33·0	34·0	32·3	21·9	34·7	34·1	40·9	34·5	28·1
1945	43·4	47·0	45·0	21·3	48·2	52·5	49·3	40·9	35·4
1946	47·5								
1950	63·9	70·3	68·7	38·2	70·5	72·5	78·6	67·3	52·7
1955	71·5	78·3	76·2	46·6	77·0	77·5	90·6	74·9	55·6
1956	73·4								
1957	76·2								
1958	77·8								
1959	79·0	87·1	85·3	53·1	82·2	80·7	97·9	81·8	58·0
1960	80·1	91·3	89·8	53·9	86·7	82·4	106·0	87·8	62·3
1961	83·4	94·5	92·7	58·0	93·1	90·3	121·2	92·5	70·6
1962	86·2	96·6	94·8	66·1	97·5	94·0	124·7	97·4	71·9
1963	87·6	98·4	96·5	67·1	99·3	94·6	128·3	99·6	72·5
1964	90·1	100·5	98·7	70·6	102·2	96·3	131·6	103·0	73·3
1965	96·5	104·2	101·7	74·6	106·0	98·7	135·1	107·5	74·2
1966	100·2	107·8	104·9	80·0	110·5	101·5	140·8	112·7	75·8
1967	104·7	113·4	109·7	84·4	116·6	106·3	144·8	119·4	78·7
1968	112·7	121·9	118·6	92·1	126·2	116·0	154·5	128·9	87·9
1969	116·9	127·7	124·7	93·2	131·3	119·7	162·7	134·2	93·5

13. WAGES (continued)

2. Monthly money average for state-employed labour force* (continued)
(current (new) rubles)

	Total state-employed	Industry total	Industrial workers	State farms	All transport	Rail transport	Water transport	Road, urban electric and other transport, and loaders	Communications
1970	122·0	133·3	130·6	100·9	136·7	123·5	169·5	140·2	96·8
1971	125·9	137·9	135·4	106·3	144·0	136·3	175·4	145·2	99·2
1972	130·2	142·1	140·1	111·8	150·8	148·9	178·9	149·7	102·9
1973	134·9	147·2	145·6	117·5	156·7	152·0	189·2	156·4	107·5
1974	141·1	155·5	153·9	124·2	167·0	156·1	204·0	169·0	117·3
1975	145·8	162·2	160·9	126·7	173·5	158·1	212·8	177·1	123·6
1976	151·4	169·5	168·2	134·7	181·8	159·9	220·0	187·7	133·7
1977	155·2	172·9	171·8	139·1	186·2	168·4	223·7	190·5	136·4
1978	159·9	176·8	176·1	143·1	190·0	171·9	227·5	194·4	139·4
1979	163·3	180·4	180·3	146·0	192·8	174·4	228·9	197·3	142·6
1980	168·9	185·4	185·5	149·7	199·9	187·4	232·0	202·5	145·8
1981	172·5								

* See table 12 Note.
Sources: (for pre-war figures) *Trud v SSSR* (1936), 16–17 *Sots. Stroi Soyuza SSSR 1933–38*, 139 (for 1938 total figure)

13. WAGES (continued)

2. Monthly money average for state-employed labour force* (continued)
(current (new) rubles)

	Construction total	Construction workers	Trade, public catering supply and procurements	Housing, communal, and services	Health and social insurance	Education	Science and scientific services	Credit and state insurance	Administration (state, economic, co-operative and social)
1940	33·9	31·0	25·0	26·1	25·5	32·3	46·7	33·4	38·8
1945	41·3	36·1	26·9	31·0	39·4	47·2	64·2	51·2	50·4
1950	60·1	56·5	46·9	49·1	48·5	66·7	93·0	66·4	68·3
1955	74·2	70·0	52·3	52·3	52·1	70·3	102·8	70·0	79·6
1958	86·6	83·2	58·1	55·3	58·9	69·4	105·9	72·1	84·2
1960	91·7	88·7	58·6	57·6	58·9	69·9	104·2	70·3	85·6
1961	96·8	93·4	61·0	59·4	59·8	72·5	105·2	72·5	88·1
1962	99·3	95·9	63·6	61·0	60·8	73·8	108·1	76·8	90·1
1963	101·6	98·3	64·5	62·6	62·0	75·3	109·7	78·1	93·6
1964	106·0	103·0	65·7	64·5	65·3	78·5	112·0	79·0	95·8
1965	112·4	108·0	75·2	72·0	79·0	93·6	116·8	86·3	105·9
1966	116·7	112·3	79·7	75·7	80·8	95·5	119·9	89·6	111·8
1967	124·2	119·3	82·8	79·0	82·3	96·5	123·9	93·7	114·3
1968	131·2	127·3	90·6	88·1	90·2	102·8	129·3	103·5	118·1
1969	139·9	136·6	92·9	91·3	91·1	103·9	132·6	106·8	119·7
1970	149·9	148·5	95·1	94·5	92·0	105·8 (108·1)*	136·8	111·4	122·2

13. WAGES (continued)

2. Monthly money average for state-employed labour force* (continued)
(current (new) rubles)

	Con-struction total	Con-struction workers	Trade, public catering supply and procure-ments	Housing, communal, and services	Health and social insurance	Edu-cation	Science and scientific services	Credit and state insurance	Administra-tion (state, economic, co-operative and social)
1971	154·4	153·6	96·9	96·8	92·9	110·0	140·9	114·6	123·8
1972	159·4	159·3	99·3	99·6	95·5	115·7	143·6	118·0	124·4
1973	163·6	164·8	101·8	102·9	99·0	124·3	147·3	123·1	126·2
1974	170·0	172·0	104·8	105·6	100·6	125·9	153·0	127·3	128·8
1975	176·8	180·3	108·7	109·0	102·3	126·6 (157·5)†	155·4	133·8	131·8
1976	181·0	185·3	112·3	112·7	104·0	127·7	161·6	134·2	133·6
1977	185·4	190·3	117·1	117·3	108·7	129·7	164·6	140·5	136·7
1978	191·1	196·2	124·1	122·9	116·2	132·4	169·8	148·4	144·6
1979	196·6	202·5	128·8	126·7	119·1	133·3	173·6	151·5	147·8
1980	202·3	207·9	138·2	133·2	126·8	135·9	179·5	162·2	156·4

* The lower figure for 1970 and all earlier figures include the low-paid category called 'culture'; the higher figure for 1970 and subsequent figures exclude this category.
† The higher figure, and those for subsequent years, are presumably for the narrower coverage mentioned in the notes to Table 12.

Sources: *Nar. Khoz. 1965*, 567–8; *1967*, 657–8; *1968*, 555–6; *1969*, 539–40; *1970*, 519–20; *1975*, 546–7; *1980*, 364–5
Pravda (24 January 1982)
Strana Sovetov za 50 let, 227
Trud v SSSR (1968), 137, 138–9, 140, 145

14. EDUCATION

1. Numbers receiving education at beginning of academic year starting in given calendar year
(*thousands*)

	Higher	Secondary specialised	Professional–technical	General (primary, seven-year and full secondary schools)	
1914	127·4[x]	54·3[x]	106[x]	7,896[x]	
				9,656[y]	
1922	216·7	121·6		7366	(7322)*
1923	208·3	149·9			(7966)*
1924	169·5	164·6			(9201)*
1925	167·0	181·3		10,289	(10,219)*
1926	168·0	180·6			(10,730)*
1927	168·5	189·4	243	11,638	(11,466)*
1928	176·6	206·3		12,239	(12,068)*
1929	204·2	237·5		13,725	
1930	287·9	586·8		17,891	
1931	405·9	707·3		20,933	
1932	504·4	723·7		21,397	
1933	458·3	588·9		22,096	
1934	527·3	671·5		23,745	
1935	563·5	712·9		25,946	
1936	542·0	768·9		28,136	
1937	547·2	862·5		30,148	
1938	602·9	951·9		32,268	
1939	619·9	945·0		32,922	
1940	811·7	974·8	717	35,528	
1945	730·2	1007·7	945	26,808	
1946	871·7	1174·5		29,738	
1947	936·6	1231·6		30,476	
1948	1032·1	1264·0		32,699	
1949	1132·1	1309·2		34,540	

[x] Pre-1939 boundaries [y] Present boundaries
* The figures in brackets exclude schools for working and rural youth, and adults.

14. EDUCATION (continued)

1. Numbers receiving education at beginning of academic year
starting in given calendar year (continued)
(*thousands*)

	Higher	Secondary specialised	Professional– technical	General (primary, seven-year and full secondary schools)
1950	1247·4	1297·6	882	34,752
1951	1356·1	1368·9		34,037
1952	1441·5	1477·4	774	32,643
1953	1562·0	1645·5	1029	32,157
1954	1730·5	1838·7		31,486
1955	1867·0	1960·4	1356	30,070
1956	2001·0	2012·2	1365	30,127
1957	2099·1	1941·1	1392	30,623
1958	2178.9	1875.9	904	31,483
1959	2267·0	1907·8	996	33,364
1960	2396	2060	1113	36,187
1961	2640	2370	1266	39,087
1962	2944	2668	1397	42,445
1963	3261	2983	1491	44,682
1964	3608	3326	1607	46,664
1965	3861	3659	1672	48,255
1966	4123	3994	1961	48,170
1967	4311	4167	2129	48,902
1968	4470	4262	2263	49,195
1969	4550	4302	2348	49,426
1970	4581	4388	2411	49,373

14. EDUCATION (continued)

1. Numbers receiving education at beginning of academic year
starting in given calendar year (continued)
(*thousands*)

	Higher	Secondary specialised	Professional– technical	General (primary, seven-year and full secondary schools)
1971	4597	4421	2422	49,232
1972	4630	4438	2442	49,325
1973	4671	4448	2374	49,224
1974	4751	4478	2297	49,041
1975	4854	4525	3381 (2165)*	47,594 (48,810)*
1976	4950	4623	3552	46,468
1977	5037	4662	3681	45,445
1978	5110	4671	3827	44,711
1979	5186	4646	3935	44,412
1980	5235	4612	3971	44,275
1981	5.3 million	4.6 million	4.1 million	44.3 million

Source: *Dostizheniya Sovetskoi vlasti za 40 let v tsifrakh* (1957), 273
Kul'turnoe Stroitel'stvo SSSR (1956) 76, 80–1
Nar. Khoz. 1958, 806–7; *1962*, 551; *1964*, 667; *1968*, 669; *1969*, 665; *1970*, 627; *1975*, 667; *1980*, 455
Pravda (14 January 1982)

Note. Up till 1975 the figures for those in general education included secondary professional–technical schools; from 1975 these are included under the 'professional–technical educational institutions' category. The figures in brackets for 1975 in these columns are those on the older definition. The number in these schools was thus 1,214,000 in the 1975/76 academic year. In 1970 it was 180,000.

14. EDUCATION (continued)

2. Output of specialists from higher and secondary specialised education
(*thousands*)

	Higher	Secondary specialised		Higher	Secondary specialised
1914	12·2	—	1950	176·9	313·7
1928	28·7	28·6	1951	201·4	263·2
1929	32·5	37·9	1952	219·2	280·6
			1953	220·2	295·5
1930	43·9	61·4	1954	234·8	332·3
1931	50·4	84·2			
1932	43·2	107·7	1955	245·8	387·8
1933	34·6	132·7	1956	259·9	510·1
1934	49·2	97·3	1957	266·5	504·0
			1958	290·8	551·2
1935	83·7	112·2	1959	338·0	527·9
1936	97·6	124·9			
1937	104·8	155·9	1960	343·3	483·5
1938	103·8	201·2	1961	325·5	429·5
1939	98·3	240·1	1962	316·6	452·2
			1963	331·7	510·7
1940	126·1	236·8	1964	354·0	558·3
1945	54·6	118·1	1965	403·9	621·5
1946	76·0	180·1	1966	431·8	685·2
1947	98·5	238·0	1967	479·5	805·9
1948	138·0	277·3	1968	510·6	902·8
1949	162·6	269·4	1969	564·9	1019·2
			1970	630·8	1033·3

14. EDUCATION (continued)

2. Output of specialists from higher and secondary specialised
education (continued)
(*thousands*)

	Higher	*Secondary specialised*
1971	672·4	1083·3
1972	684·3	1115·6
1973	692·3	1135·8
1974	693·4	1146·1
1975	713·4	1157·0
1976	734·6	1109·1
1977	751·9	1186·0
1978	771·5	1228·4
1979	790·0	1253·3
1980	817·3	1274·7

Sources: *Nar. Khoz. 1962*, 569; *1964*, 686; *1968*, 688; *1969*, 684; *1970*, 645; *1975*, 684; *1980*, 469
Vysshee obrazovanie v SSSR (1961), 93, 239–40

14. EDUCATION (continued)

3. Numbers with higher and secondary specialised education in state-employed labour force
(*thousands*)

	Total	*Higher*	*Secondary specialised*
1913	190	136	54
1928	521	233	288
1941 (1:I)	2401	909	1492
1946 (1:I)	2262	897	1365
1950 (1:VII)	3254	1443	1811
1951 (1:VII)	3611	1576	2035
1952 (1:VII)	3951	1724	2227
1953 (1:VII)	4279	1848	2431
1954 (1:IV)	4638	2009	2629
1955 (I:VII)	5133	2184	2949
1956 (1:XII)	6257	2633	3624
1957 (1:XII)	6821	2805	4016
1958 (end of year, est.)	7476	3027	4449
1959 (1:XII)	8017	3236	4781
1960 (1:XII)	8784	3545	5239
1961 (1:XII)	9433	3824	5609
1962 (1:XII)	9956	4050	5906
1963 (1:XII)	10,484	4283	6201
1964 (15:XI)	11,250	4548	6702
1965 (15:XI)	12,066	4891	7175
1966 (15:XI)	12,924	5227	7697
1967 (end of year, est.)	13,855	5565	8290
1968 (15:XI)	14,956	6042	8914
1969 (end of year, est.)	16,100	6500	9600
1970 (15:XI)	16,841	6853	9988

14. EDUCATION (continued)

3. Numbers with higher and secondary specialised education in
state-employed labour force (continued)
(*thousands*)

	Total	Higher	Secondary specialised
1971 (end of year, est.)	17,900	7300	10,600
1972 (end of year, est.)	19,000	7700	11,300
1973 (15:XI)	20,361	8384	11,977
1974 (end of year, est.)	21,400	8800	12,600
1975 (15:XI)	22,796	9477	13,319
1976 (end of year, est.)	24,000	10,000	14,000
1977 (15:XI)	25,178	10,537	14,641
1979 (beginning of year, est.)	26,400	11,100	15,300
1980	28,612	12,073	16,539

Sources: *Nar. Khoz. 1969*, 549; *1970*, 523; *1922–72*, 353; *1972*, 524; *1974*,
565; *1975*, 550; *1977*, 392; *N. Kh. SSSR za 60 let*, 477; *1978*, 377;
1979, 397
Trud v SSSR (1968), 251

15. FAMILY BUDGETS

Structure of income and expenditure
Industrial worker's family
(*in %*)

	1940	*1965*	*1970*	*1975*	*1980*
Total family income	100	100	100	100	100
of which:					
wages and salaries of family members	71·3	73·1	74·4	74·3	74·2
Pensions, stipendia, assistance and other payments and benefits from social consumption funds (inc. free education, medical care etc.)	14·5	22·8	22·1	22·5	23·3
Income from private auxilliary activities	9·2	1·7	1·3	0·9	0·7
Income from other sources	5·0	2·4	2·2	2·3	1·8
Use of total income	100	100	100	100	100
of which:					
Food	53·8	37·9	35·7	32·9	31·7
Purchase of fabrics, clothing and footwear	11·1	13·9	15·5	15·4	16·1
Purchase of furniture, household and leisure goods (inc. bicycles, motorcycles, etc.)	1·7	6·1	5·8	6·5	7·2
Fuel	1·2	0·4	0·3	0·2	0·1
Services	17·6	24·3	23·5	23·1	23·5
of which:					
education, medical care and other services provided free from social consumption funds	9·0	13·8	13·9	13·8	14·1
rent, communal services and maintenance of private housing	2·9	2·7	2·7	2·7	2·7
Accumulation (growth of personal cash holdings, savings bank deposits, etc.)	4·7	2·8	4·1	6·3	5·9
Taxes	4·1	7·2	7·9	8·5	8·7
Other expenditure	5·8	7·0	6·8	6·8	6·4

Source: *Nar. Khoz. 1980*, 384

15. FAMILY BUDGETS (continued)

Structure of income and expenditure
Kolkhoznik's family (continued)
(*in %*)

	1940	*1965*	*1970*	*1975*	*1980*
Total family income	100	100	100	100	100
of which:					
Income from the kolkhoz	39·7	39·6	40·0	43·7	43·9
Wages and salaries of family members	5·8	7·4	8·4	8·1	9·6
Pensions, stipendia, assistance and other payments and benefits from social consumption funds (inc. free education, medical care, etc.)	4·9	14·6	17·9	21·4	19·5
Income from private auxilliary activities	48·3	36·5	31·9	25·4	25·3
Income from other sources	1·3	1·9	1·8	1·4	1·7
Use of total income	100	100	100	100	100
of which:					
Food	67·3	45·2	40·4	37·1	35·9
Purchase of fabrics, clothing and footwear	10·9	13·7	15·7	15·7	16·5
Purchase of furniture, household and leisure goods (inc. bicycles, motorcycles, etc.)	1·1	4·2	4·9	5·9	6·7
Fuel	3·8	2·0	1·8	1·6	1·5
Services	4·4	14·0	15·0	16·8	15·0
of which:					
education, medical care and other services provided free from social consumption funds	3·4	10·0	10·8	12·3	10·5
Accumulation (growth of personal cash holdings, savings bank deposits, etc.)	6·3	8·0	6·4	6·0	7·3
Taxes	1·4	1·4	1·3	1·2	1·5
Other expenditure	4·1	8·9	11·7	13·0	13·7

Source: *Nar. Khoz. 1980*, 385

16. SAVINGS BANK DEPOSITS
(at end of year)

	1940	1950	1960	1965	1966	1967	1968	1969	1970	1971	1972	1973	1974	1975	1976	1977	1978	1979	1980
Number of accounts (million)	17·3	14·3	52·2	57·4	60·6	64·0	68·4	73·0	80·1	84·5	89·2	94·1	100·0	106·6	113·1	120·0	127·4	135·5	142·1
in urban areas	11·6	10·4	38·3	42·2	44·5	46·9	50·1	53·6	58·9	62·2	65·6	69·4	73·9	78·9	84·0	89·3	95·1	101·4	106·6
in rural areas	5·7	3·9	13·9	15·2	16·1	17·1	18·3	19·4	21·2	22·3	23·6	24·7	26·1	27·7	29·1	30·7	32·3	34·1	35·5
Total deposits (million rubles)	725	1853	10,909	18,727	22,915	26,869	32,360	38,397	46,600	53,215	60,732	68,660	78,905	90,985	103,000	116,660	131,139	146,240	156·5
in urban areas	576	1647	8728	14,028	16,963	19,777	23,774	28,266	34,053	38,744	44,068	49,825	57,217	66,077	75,132	85,244	96,000	106,900	114·4
in rural areas	149	206	2181	4,699	5,952	7,092	8,586	10,131	12,547	14,471	16,664	18,835	21,688	24,908	27,868	31,416	35,100	39,300	42·1
Average deposit (rubles)	42	124	209	326	377	419	473	526	581	629	681	730	789	854	911	972	1,029	1,080	1102
in urban areas	50	151	228	332	380	421	474	527	578	623	672	718	774	837	895	954	1,009	1,055	1073
in rural areas	26	52	157	309	370	413	470	523	591	647	707	763	830	900	957	1,025	1,087	1,154	1189

Sources: Nar. Khoz. 1967, 699; 1969, 585; 1970, 562; 1975, 597; 1978, 415; 1980, 408

17. STATE BUDGET

1. Expenditure:

Single state budget—current data (*m. rubles*)

	Total	Economy	Social and cultural	(Education)	(Health)	Defence and administration
1923/24	2317·6	1151·9	133·1	113·6	13·9	647·5
1924/25	2969·5	1629·5	198·7	153·9	24·1	686·5
1925/26	4050·9	2244·6	275·9	227·7	34·3	899·6
1926/27	5334·6	3066·9	356·4	293·8	43·9	1002·4
1927/28	6465·0	3796·4	426·0	340·1	50·4	1109·3
1928/29	8240·9	4784·3	481·7	398·2	44·7	1206·9
1929/30	12,335·0	7680·7	794·9	704·6	49·0	1396·9
1930 (4th) quarter)	4616·0	3124·7	295·8	275·8	12·2	533·4
1931	23,145·8	18,047·7	1290·7	1171·6	74·1	1714·5
1932	30,740·4	23,663·6	1705·8	1523·4	103·9	1987·3

Source: *Sots. stroi. SSSR* (1934), 442-3

Total budget—state and local (*m. rubles*)

	Total	Economy	Social and cultural	(Education)	Defence and administration	Expenses of state loans
1928/29	8023·8	4112·1	1495·9	1085·4	1588·1	317·5
1929/30	12,609·4	7087·4	2207·4	1678·4	1871·4	405·7
1930 (4th) quarter)	4749·2	2800·4	742·3	607·8	680·5	74·9
1931	23,367·1	16,506·8	3373·8	2709·9	2398·2	408·3
1932	34,401·6	24,781·6	4577·4	3683·6	2838·3	961·8
1933	39,904·6	26,710·6	5840·0	4725·0	3370·8	1436·7
1934	52,398·0	32,257·1	8146·8	6161·0	8094·2	2050·9
1938	123,996	51,709	35,316	18,774	32,773	1955

Note. The two series above are not compatible, but neither is available for the full period.

The 'Social and cultural' heading includes 'Education' and 'Health' subheadings in all budget tables.

Sources: *Sots. Stroi. SSSR* (1936), 663
Sots. Stroi. Soyuza SSR 1933–38, 111 (for 1938 figures)

17. STATE BUDGET* (continued)

1. Expenditure (continued)
(*mlrd rubles—current prices*)†

	Total	National economy	Social and cultural	(Education and science)	(Health)	Defence	Administration
1940	17·4	5·8	4·1	2·3	0·90	5·7	0·68
1950	41·3	15·8	11·7	5·7	2·1	8·3	1·4
1952	46·0	17·9	12·3	5·9	2·2	10·9	1·4
1953	51·5	18·1	12·9	6·1	2·4	10·8	1·4
1955	54·0	23·3	14·7	6·9	3·1	10·7	1·2
1956	56·4	24·5	16·4	7·4	3·6	9·7	1·2
1958	64·3	29·0	21·4	8·6	4·1	9·4	1·2
1959	70·4	32·4	23·1	9·4	4·5	9·4	1·1
1960	73·1	34·1	24·9	10·3	4·8	9·3	1·1
1961	76·3	32·6	27·2	11·3	4·9	11·6	1·1
1962	82·2	36·2	29·0	12·4	4·9	12·6	1·1
1963	87·0	38·8	31·0	13·7	5·2	13·9	1·1
1964	92·2	40·6	33·3	15·1	5·6	13·3	1·1
1965	101·6	44·9	38·2	17·5	6·7	12·8	1·3
1966	105·6	45·2	40·8	18·7	7·1	13·4	1·4
1967	115·2	52·8	43·5	20·1	7·5	14·5	1·5
1968	128·6	58·7	48·3	21·9	8·1	16·7	1·6
1969	138·5	62·4	51·9	23·3	8·6	17·7	1·7
1970	154·6	74·6	55·9	24·8	9·3	17·9	1·7

17. STATE BUDGET* (continued)

1. Expenditure (continued)
(mlrd rubles—current prices)†

	Total	National economy	Social and cultural	(Education and science)	(Health)	Defence	Administration
1971	164·2	80·4	59·4	26·3	9·6	17·9	1·8
1972	173·2	84·9	63·5	28·0	10·0	17·9	1·8
1973	184·0	91·3	67·3	29·8	10·5	17·9	1·9
1974	197·4	99·7	71·3	31·5	11·0	17·7	1.9
1975	214·5	110·7	77·1	32·8	11·5	17·4	2·0
1976	226·7	118·5	80·7	33·8	11·8	17·4	2·1
1977	242·8	129·8	84·3	35·1	12·5	17·2	2·2
1978	260·2	141·3	89·1	36·9	13·5	17·2	2·3
1979	276·4	151·4	92·8	38·4	14·1	17·2	2·4
1980	294·6	161·0	98·8	40·0	14·8	17·1	2·5

* 'State budget' includes central and local combined.
† New prices introduced in mid-1967.

Sources: *Gosudarstvennyi Byudzhet SSSR* (1966), 10–11, 20–1
Nar. Khoz. 1959, 800, 801: *1962*, 635; *1968*, 774; *1969*, 769; *1970*, 730; *1975*, 742; *1980*, 522–3

17. STATE BUDGET (continued)

2. Revenue: Single state budget—current data
(m. rubles)

	Total	Turnover tax	Industrial tax	Income tax	Agricultural tax	Excise duties	Non-tax revenue*	State loans
1923/24	2317·6	—	113·1	64·7	231·0	240·7	1039·2	183·5
1924/25	3002·2	—	157·3	94·3	326·2	507·8	1475·9	130·5
1925/26	4038·6	—	229·2	151·4	251·7	841·6	2095·7	146·0
1926/27	5375·3	—	348·9	192·2	357·9	1209·8	2558·8	319·2
1927/28	6614·4	—	373·4	231·4	354·2	1491·2	2922·3	726·4
1928/29	8222·3	—	1055·9	285·5	449·4	1802·6	3461·2	724·8
1929/30	12,799·7	—	1941·4	614·6	405·6	2643·0	5402·0	1278·4
1930(4th quarter)	4670·7	2172·0	57·6	70·6	170·2	—	1742·4	356·1
1931	23,154·9	10,601·8	128·4	345·2	457·9	—	7381·8	3269·0
1932	31,030·9	17,693·4	—	245·2	459·0	—	7011·4	3921·7

* Includes deductions from profits, also revenue from transport and communications, state forests etc. There is a residual of miscellaneous other revenues—greater details of some categories are given in the sources.

Source: *Sots. stroi.* (1934), 440–1

17. STATE BUDGET (continued)

2. Revenue: Total budget—state and local
(m. rubles)

	Total	Turnover tax	Deductions from profits	Other non-tax*	State loans†	Mass loans	Direct taxes	Social insurance
1928/29	8116·1	3146·1	641·3	1206·1	454·6	270·2	979·4	—
1929/30	13,178·3	5354·1	1501·8	2061·7	622·4	656·0	972·1	—
1930 (4th quarter)	4878·2	2172·0	464·9	771·5	143·6	212·4	396·5	—
1931	23,401·2	10,601·8	1631·2	3394·7	1644·4	1616·4	1704·1	—
1932	34,561·7	17,693·3	1657·4	4737·5	1492·4	2370·5	2699·2	—
1933	44,402·2	23,166·5	2071·9	6662·4	1211·5	3176·3	3309·6	—
1934	55,068·3	30,242·0	2375·3	8976·2	913·3	3343·7	3621·4	696·3
1938	127,571	80,411	10,598	—	—	5120	5047	—

* Transport, communications, and 'special commodity fund'.
† Classified in source as revenue from the socialised economy, in contrast to mass loans from the population.

Sources: *Sots. stroi.* (1936), 663
Sots. stroi. Soyuza SSR 1933–38, 111
(The series on pp. 57 and 58 are not comptaible, like those given for budget expenditure; the series for revenue and expenditure for the same set of years are of course so.)

17. STATE BUDGET (continued)

2. Revenue (continued)

(mlrd rubles—current* prices)

	Total	Turnover tax	Profits tax	Kolkhoz income tax	State loans†	Direct taxes	State social insurance
1940	18·0	10·6	2·2	0·32	1·1	0·94	0·86
1950	42·3	23·6	4·0	0·55	3·1	3·6	1·9
1952	49·8	24·7	5·8	0·9	4·2	4·7	2·2
1953	54·0	24·4	7·0	0·95	3·0	4·6	2·3
1955	56·4	24·2	10·3	1·2	3·7	4·8	2·6
1956	58·6	25·9	10·3	1·4	4·4	5·1	2·8
1958	67·2	30·5	13·5	1·7	1·1	5·2	3·3
1959	74·0	31·1	16·0	1·9	1·5	5·5	3·6
1960	77·1	31·3	18·6	1·8	0·91	5·6	3·8
1961	78·1	30·9	20·7	1·2	0·80	5·8	4·2
1962	84·3	32·9	23·9	1·3	1·2	6·0	4·4
1963	89·5	34·5	25·7	1·4	1·3	6·3	4·6
1964	94·4	36·7	28·7	1·3	0·1	6·8	4·9
1965	102·3	38·7	30·9	1·5	0·2	7·7	5·6
1966	106·3	39·3	35·7	1·1	0·2	8·4	6·1
1967	117·2	40·1	41·8	1·3	0·1	9·3	6·5
1968	130·8	40·8	48·0	1·1	0·3	10·5	7·2
1969	140·0	44·5	48·0	1·1	0·4	11·6	7·9
1970	156·7	49·4	54·2	1·2	0·5	12·7	8·3

17. STATE BUDGET (continued)

2. Revenue (continued)
(*mlrd rubles—current* prices*)

	Total	Turnover tax	Profits tax	Kolkhoz income tax	State loans†	Direct taxes	State social insurance
1971	166·0	54·5	55·6	1·4	0·3	13·7	8·8
1972	175·1	55·6	60·0	1·3	0·3	14·8	9·3
1973	187·8	59·1	60·0	1·5	0·4	15·8	9·9
1974	201·3	63·5	64·4	1·5	0·4	17·1	10·6
1975	218·8	66·6	69·7	1·5	0·6	18·4	11·3
1976	232·2	70·7	70·6	1·5	0·6	19·6	12·2
1977	247·8	74·6	78·4	1·6	0·6	20·8	12·4
1978	265·8	84·1	78·6	1·6	0·6	22·1	13·1
1979	281·5	88·3	84·2	1·6	0·7	23·2	13·9
1980	302·7	94·1	89·8	1·7	0·6	24·5	14·2

* New prices introduced in mid-1967.
† These are loans from the population, like pre-war 'mass-loans'.

Sources: *Gosudarstvennyi Byudzhet SSSR* (1966), 10–11, 20–1
Nar. Khoz. 1959, 800, 802; *1962*, 635; *1968*, 774; *1969*, 769; *1969*, 730; *1975*, 742; *1980*, 522–3

18. FOREIGN TRADE

1. Total exports and imports
(*m. rubles*)*

	Old rubles at 1950 exchange rate		New rubles at 1961 exchange rate				
	Exports	Imports	Exports	Imports		Exports	Imports
1913	5298	4792			1945	301·8	259·7
1918	28	367	6·4	82·5	1946	588·3	692·0
1919	0·3	11	0·1	2·5	1947	693·7	670·3
1920	5	100	1·1	22·5	1948	1177·3	1101·6
1921	70	734	15·8	165·2	1949	1302·5	1340·3
1921/22†	221	945	49·8	212·6	1950	1615·2	1310·3
1922/23	467	518	105·0	116·5	1951	2061·7	1791·7
1923/24	1300	814	292·6	183·1	1952	2510·9	2255·5
1924/25	2014	2521	453·0	567·3	1953	2653·0	2492·1
1925/26	2451	2636	551·5	593·1	1954	2960·8	2863·6
1926/27	2812	2487	632·7	559·5	1955	3084·0	2754·5
1927/28	2759	3295	620·7	741·4	1956	3253·5	3251·4
1928 (Oct.-					1957	3943·3	3544·0
Dec.)	754	708	169·8	159·4	1958	3867·8	3914·6
1929	3219	3069	724·3	690·5	1959	4896·7	4565·9
1930	3612	3690	812·7	830·3	1960	5005·5	5065·6
1931	2827	3851	636·1	866·5	1961	5398·4	5244·9
1932	2004	2454	450·8	552·1	1962	6331·3	5804·8
1933	1727	1214	388·7	273·1	1963	6545·2	6352·9
1934	1458	810	328·0	182·3	1964	6913·2	6963·0
1935	1281	841	288·1	189·3	1965	7357·2	7252·5
1936	1082	1077	243·3	242·1	1966	7957·0	7121·6
1937	1312	1016	295·1	228·6	1967	8687·1	7683·0
1938	1021	1090	229·8	245·3	1968	9570·9	8469·0
1939	462	745	103·9	167·5	1969	10,489·7	9294·1
1940	1066	1091	239·7	245·5	1970	11,520·1	10,565·1
1941			178·5	277·7	1971	12,425·6	11,231·9
1942			65·7	181·8	1972	12,734·4	13,303·0
1943			66·8	173·1	1973	15,801·7	15,544·0
1944			114·9	198·8	1974	20,737·8	18,834·4
					1975	24,033·7	26,670·6
					1976	28,022·2	28,730·7
					1977	33,255·4	30,092·7
					1978	35,670·0	34,554·1
					1979	42,426·3	37,864·0
					1980	49,634·5	44,462·8

* Figures for war and post-war period in new (1961) rubles, converted at 1961 exchange rate. Figures for pre-war period in old rubles (10 old = 1 new) and converted at 1950 exchange rate. Total exports and imports for pre-war period are given in both forms, but all other pre-war foreign trade figures in old rubles at 1950 exchange rate only. Figures in new rubles at 1961 exchange rate are available for country totals for all pre-war years, but only for certain years for commodity structure.
† 1921/22 etc.: economic years during this period ran from 1 October.

18. FOREIGN TRADE (continued)

2. Trading Partners, 1913–40

(m. rubles)

	Austria Exports	Austria Imports	Great Britain Exports	Great Britain Imports	Belgium and Luxemburg Exports	Belgium and Luxemburg Imports	Bulgaria Exports	Bulgaria Imports	Hungary Exports	Hungary Imports	Germany Export	Germany Imports
1913	227·6	124·4	933·3	603·0	225·4	31·0	8·17	0·112	—	—	1580·8	2276·2
1918	—	—	6·97	41·9	—	—	—	—	—	—	2·19	1·28
1919	—	—	—	0·094	—	—	—	—	—	—	—	0·899
1920	—	0·028	—	21·0	—	0·007	—	—	—	—	—	22·3
1921	—	0·007	—	215·2	—	2·41	—	—	—	5·81	—	189·5
1921/22	—	8·88	32·6									
1922/23	0·310	0·464	62·7	185·1	0·397	2·25	0·003	3·63	—	—	28·8	292·1
1923/24	3·08	1·40	100·8	129·7	5·90	2·69	1·05	—	—	—	150·9	214·2
1924/25	8·57	291·2	170·6	33·1	1·34	1·64	0·045	—	—	231·6	157·6	
1925/26	10·4	37·9	673·6	385·8	67·2	11·6	1·18	0·122	0·007	0·146	—	304·5	357·8
1925/26	10·7	79·8	769·1	451·5	64·8	6·81	0·812	0·003	0·035	0·001	2·13	389·0	613·7
1926/27	12·5	69·4	768·6	352·3	48·1	0·572	0·530	0·070	0·080	1·01	611·7	563·2
1927/28	26·4	58·6	543·1	165·6	47·5	4·42	0·568	0·010	—	4·76	674·7	866·1
1928 (Oct.–Dec.)	6·40	12·3	163·3	23·4	11·1	5·68	0·480	—	0·080	0·592	183·5	169·3
1929	29·2	78·7	706·0	190·8	66·8	15·7	1·66	0·112	0·774	2·45	749·7	678·4
1930	12·4	51·7	975·5	279·3	93·8	22·9	0·254	0·042	0·028	0·972	716·9	874·2
1931	7·72	41·9	927·3	255·7	63·6	12·0	0·934	—	0·174	2·95	450·8	1431·1
1932	4·56	14·0	482·6	320·4	67·3	2·06	1·40	0·003	0·038	—	350·2	1142·1
1933	3·05	4·46	303·1	106·6	95·3	5·36	0·969	0·007	0·247	0·599	298·8	515·9
1934	1·42	5·40	241·1	109·2	60·1	25·2	0·464	0·003	0·749	1·20	343·0	100·2
1935	4·19	2·42	300·6	78·5	71·2	31·7	0·247	—	0·446	2·77	230·2	75·6
1936	0·915	2·65	287·8	76·7	70·2	32·7	0·195	0·028	0·599	0·268	92·8	245·4
1937	5·22	4·33	421·1	47·6	101·5	50·8	0·061	—	0·165	1·87	80·7	151·3
1938	1·69	3·43	283·0	131·7	88·2	48·5	0·308	—	0·078	—	64·8	50·7
1939	0·007	0·251	101·3	85·1	26·3	20·0	0·091	—	0·095	—	46·5	42·3

2. Trading Partners, 1913–40 (continued)
(m. rubles)

	Holland		Italy		Poland		Romania		Finland		France	
	Exports	Imports	Exports	Imports	Exports	Imports	Exports	Imports	Exports	Imports	Exports	Imports
1913	618·3	74·5	257·1	58·6	—	75·6	4·89	192·7	177·6	351·6	198·6
1918	—	—	—	—	—	—	—	—	—	4·65	—	6·52
1919	—	—	—	—	—	—	—	—	6·62	—	0·216	0·098
1920	0·565	0·910	0·101	4·29	—	—	—	—	—	0·150	—	0·338
1921	0·547	9·69	0·017	0·279	0·010	—	—	0·007	14·6	0·132	—	27·3
1921/22	2·75	7·05	0·244	0·083	1·42	—	0·001		11·6	36·7	0·954	4·17
1922/23	24·9	8·25	11·7	7·86	26·3	0·335	14·2	0·001	17·9	19·9	2·03	0·568
1923/24	75·1	4·85	53·2	2·58	31·3	1·28	0·001		32·8	24·0	8·11
1924/25	71·5	119·9	53·8	4·04	9·89	6·88	—		8·74	65·0	53·2	32·1
1925/26	73·7	25·7	116·7	18·28	35·8	1·84	—	0·608	15·9	51·9	138·5	67·3
1926/27	81·2	17·6	131·2	81·1	34·1	2·55	0·031		15·9	51·9	138·5	67·3
1927/28	58·9	17·1	90·0	11·5	46·4	2·85	—		36·5	62·4	188·5	77·4
1928 (Oct.–Dec.)	23·7	2·48	30·0	32·1	25·7	2·47	1·23	0·003	26·1	57·8	141·3	124·9
1929	108·9	7·05	114·6	7·1	12·5	0·017	0·003		3·16	10·6	42·6	21·2
1930	121·4	16·4	185·2	26·7	67·4	0·749	1·29		24·4	37·7	148·3	110·4
1931	102·0	7·46	138·5	37·6	49·2	3·00	0·038		13·0	43·3	153·9	103·5
1932	75·0	12·4	94·2	103·7	26·2	108·6	4·71	0·010	16·1	18·2	98·7	52·3
1933	90·2	20·8	94·6	16·7	19·7	4·63	0·003		18·6	10·1	100·0	15·1
1934	77·5	27·7	77·5	58·9	45·2	0·338	—		18·9	10·1	79·8	18·3
1935	55·7	44·9	66·3	41·2	17·6	12·7	0·495	0·0003	16·4	10·1	76·3	40·5
1936	42·9	54·2	44·9	19·7	11·7	18·3	0·610	0·010	12·3	4·81	62·9	61·2
1937	84·4	34·1	33·8	4·64	11·6	9·12	0·226	0·012	6·07	2·89	81·9	33·2
1938	68·1	22·0	12·5	2·30	9·85	6·89	2·18	1·37	7·06	2·57	65·9	20·9
1939	15·4	33·1	—	0·192	5·74	3·37	0·435		5·90	2·89	40·8	27·3
1940	0·300	29·0	10·9	0·112	9·85	1·10	0·079	—	6·65	2·76	21·4	11·1
		22·0	1·26	1·01	—	5·56	1·00	2·74		16·6	0·451	1·46	0·556

18. FOREIGN TRADE (continued)

2. Trading Partners, 1913–40 (continued)
(m. rubles)

	Czechoslovakia Exports	Imports	Yugoslavia Exports	Imports	India Exports	Imports	Iran Exports	Imports	China Exports	Imports	Mongolia Exports	Imports
1913	—	—	1·7	0·007	0·142	120·4	201·1	152·0	100·4	263·7	9·37	29·3
1918	—	—	—	—	—	—	—	—	—	20·5	—	—
1919	—	—	—	—	—	—	—	—	—	0·010	—	—
1920	—	—	—	—	—	—	0·140	0·795	—	—	—	—
1921	—	0·001	—	—	—	—	1·46	0·627	0·227	—	—	—
1921/22	0·195	5·66	—	—	—	—	—	3·46	—	0·237	—	—
1922/23	0·049	0·756	—	—	—	—	0·031	3·23	—	0·059	—	—
1923/24	0·659	9·24	—	—	—	—	0·181	8·04	—	—	—	—
1924/25	1·31	76·0	2·43	—	—	—	1·74	26·0	16·3	38·9	5·25	6·86
1925/26	1·78	65·7	—	—	1·25	31·0	99·8	77·5	31·7	58·8	9·65	12·5
1926/27	7·73	39·8	0·007	0·001	—	46·2	122·4	181·8	60·0	108·1	12·8	13·0
1927/28	13·1	60·6	0·003	—	2·12	62·2	150·8	153·1	65·3	104·5	16·1	26·5
1928 (Oct.–Dec.)	7·3	22·9	0·080	0·003	14·6	89·3	252·4	142·9	85·3	157·8	26·7	42·2
1929	29·2	64·2	—	0·185	6·59	20·3	71·4	218·2	28·0	25·2	7·19	15·6
1930	14·4	94·6	0·457	1·18	17·8	98·3	242·6	51·2	81·4	120·4	35·0	53·2
1931	17·9	124·5	0·443	0·098	23·6	63·8	210·1	211·4	99·4	85·3	62·1	68·8
1932	4·81	35·9	0·118	0·007	35·4	31·9	113·2	154·7	87·2	59·7	130·1	100·5
1933	3·82	17·0	0·017	0·268	18·2	88·4	161·9	174·0	82·9	63·4	144·3	67·2
1934	2·91	6·77	0·115	0	11·9	41·8	88·4	29·1	62·8	74·8	134·4	60·2
1935	4·56	20·6	0·206	0·533	9·65	10·3	41·8	49·9	23·6	32·7	156·2	71·7
1936	8·15	34·4	0·645	0·003	10·5	6·57	54·6	72·1	22·9	28·2	40·5	27·6
1937	12·5	10·3	0·395	—	10·6	17·1	50·4	72·5	29·2	30·6	40·1	25·6
1938	9·91	14·7	0·550	1·08	6·57	21·8	69·2	64·0	26·7	30·7	49·7	25·4
1939	2·67	11·0	0·081	1·93	2·74	20·3	43·5	48·1	26·7	63·6	52·2	29·1
1940	2·07	16·4	0·040	1·62	—	10·1	1·23	2·61	32·8	78·7	56·9	37·3
			0·022	0·866	0·385	5·94	14·8	14·8	25·7	77·3	89·3	39·4

64

2. Trading Partners, 1913–40 (continued)
(m. rubles)

	Malaya and Straits Settlements		Japan		Canada		U.S.A		Egypt		Australia	
	Exports	Imports	Exports	Imports	Exports	Imports	Exports	Imports	Exports	Imports	Exports	Imports
1913	—	—	4·91	16·9	—	49·3	275·6	30·2	20·7	0·416	1·28
1918	—	—	—	—	—	—	—	2·59	50·0	—	—	—
1919	—	—	—	—	—	—	—	0·010	—	—	—	—
1920	—	—	—	0·052	—	—	—	3·41	—	—	—	—
1921	—	—	—	—	—	4·44	140·9	—	—	—	—
1921/22	—	—	—	—	—	4·60	153·3	—	—	—	—
1922/23	—	—	0·003	—	—	0·014	15·4	—	—	0·031	—
1923/24	—	—	—	—	—	0·422	1·90	—	—	0·265	—
1924/25	—	—	51·5	8·85	—	8·34	25·0	—	0·551	—	7·11
1925/26	—	—	44·0	9·33	—	98·8	177·7	7·12	80·0	0·0003	104·1
1926/27	—	—	44·4	8·96	0·014	2·26	106·9	425·7	10·2	92·6	—	58·6
1927/28	—	—	66·9	12·6	0·237	8·89	81·7	508·4	20·5	72·5	0·001	54·3
1928 (Oct.-Dec.)	—	—	61·3	18·9	—	39·7	97·5	654·4	33·1	113·6	0·046	101·2
1929	—	—	11·4	4·54	—	2·07	30·9	103·7	6·2	35·1	—	34·0
1930	—	—	67·2	28·8	—	3·63	148·9	617·6	31·5	76·7	0·106	60·8
1931	23·1	—	55·8	58·5	4·07	4·97	142·6	921·4	31·6	64·2	0·965	42·4
1932	6·79	—	69·1	44·1	0·003	0·502	79·1	801·3	12·8	69·0	0·021	10·7
1933	5·69	—	35·2	16·7	3·52	7·17	59·9	110·4	21·5	3·30	0·265	20·4
1934	0·178	—	31·8	25·6	0·080	2·65	48·7	57·8	14·1	—	0·003	0·383
1935	32·7	—	20·1	24·1	0·816	5·06	49·8	62·3	10·8	—	0·001	6·23
1936	47·3	—	19·2	37·9	0·857	7·47	92·5	102·8	15·9	0·010	0·031	15·6
1937	57·4	—	22·0	49·3	0·623	2·58	103·5	166·3	11·2	—	0·041	19·9
1938	62·7	—	8·93	41·0	3·20	41·5	101·4	185·6	9·36	0·211	0·022	24·4
1939	41·5	—	5·27	11·9	1·17	23·1	67·1	308·4	9·05	0·001	0·005	38·4
1940	32·1	—	0·088	2·01	0·706	3·60	64·7	229·0	1·10	—	0·061	13·3
	8·2	—	0·969	3·65	—	1·18	85·5	338·4	0·675	—	0·045	—

18. FOREIGN TRADE (continued)
3. Trading Partners, 1946–
(m. rubles)

	E. Germany		Poland		Czechoslovakia		Bulgaria		Hungary		Romania	
	Exports	Imports	Exports	Imports	Exports	Imports	Exports	Imports	Exports	Imports	Exports	Imports
1946	36·9	45·3	95·8	97·6	26·1	29·0	75·5	46·5	9·2	9·5	27·3	20·2
1947	39·3	19·6	94·0	123·4	39·9	35·1	56·2	34·4	14·6	15·5	33·9	24·6
1948	82·3	55·6	119·6	156·3	127·6	122·3	71·5	58·4	31·0	25·7	43·4	82·4
1949	104·5	131·7	123·2	167·8	185·4	184·5	84·6	49·7	75·3	60·2	100·2	89·6
1950	167·2	144·1	217·3	189·0	198·4	181·4	90·0	60·2	114·2	74·9	102·5	125·3
1951	268·8	295·1	279·6	237·7	261·1	227·8	104·3	66·6	109·6	102·7	128·6	125·3
1952	389·6	328·7	326·1	315·8	327·0	269·4	106·1	98·1	135·3	126·5	203·4	176·4
1953	454·6	435·0	296·0	330·6	313·9	281·1	98·6	112·2	141·9	155·1	198·7	206·7
1954	434·4	555·9	372·1	304·2	316·4	286·3	97·6	123·0	137·7	150·0	191·4	175·2
1955	430·8	455·8	388·6	258·0	320·3	347·9	114·7	109·3	103·8	131·8	241·0	188·8
1956	514·2	563·7	321·5	255·0	336·3	356·8	97·6	130·2	114·2	108·7	190·8	211·8
1957	775·9	687·9	387·8	230·3	496·2	347·0	155·2	178·3	224·7	96·1	225·7	171·0
1958	719·8	734·3	339·1	238·6	402·1	460·9	180·5	182·8	180·5	145·7	226·2	210·2
1959	927·1	800·5	437·8	284·9	542·7	523·7	260·9	234·7	233·8	185·9	209·2	224·5
1960	946·5	836·2	441·7	348·0	567·7	587·2	296·1	268·7	280·3	223·4	234·6	252·0
1961	1088·2	788·3	477·6	429·2	587·4	627·9	320·6	293·5	323·4	294·1	262·6	306·7
1962	1235·5	965·4	534·7	507·8	693·6	742·3	403·0	349·9	370·0	349·9	337·3	313·5
1963	1182·5	1173·3	596·3	553·1	764·1	855·5	445·9	400·3	399·1	380·8	359·1	369·2
1964	1246·5	1194·9	594·0	646·1	810·7	872·0	510·0	480·0	443·4	433·4	443·7	379·0
1965	1226·7	1156·2	654·0	702·6	833·3	931·9	529·6	554·0	491·3	463·8	362·5	396·9
1966	1266·1	1114·2	722·9	659·9	804·6	827·5	627·4	588·7	454·1	460·7	347·7	364·9
1967	1274·6	1271·4	821·0	812·2	870·7	884·0	686·5	696·4	527·0	537·4	355·1	381·9
1968	1355·8	1444·8	945·1	928·4	934·3	891·0	854·4	802·2	607·9	602·1	375·0	410·8
1969	1565·1	1466·4	1078·9	1011·8	998·7	1003·2	876·9	877·2	630·0	647·2	428·8	404·5
1970	1738·1	1556·9	1214·9	1134·9	1082·7	1110·5	844·0	972·5	758·3	721·6	444·6	474·0

18. FOREIGN TRADE (continued)

3. Trading Partners, 1946– (continued)

(m. rubles)

	E. Germany Exports	Imports	Poland Exports	Imports	Czechoslovakia Exports	Imports	Bulgaria Exports	Imports	Hungary Exports	Imports	Romania Exports	Imports
1971	1715·9	1727·5	1292·4	1227·5	1217·6	1204·2	984·0	1084·7	880·8	778·8	426·5	509·0
1972	1670·8	2034·7	1306·9	1495·8	1253·7	1372·2	1121·4	1223·8	903·6	978·1	470·3	582·4
1973	1856·4	2108·9	1445·0	1555·3	1354·0	1405·6	1230·8	1324·0	975·6	1087·9	519·1	611·2
1974	2164·6	2150·7	1838·2	1745·4	1511·1	1518·4	1478·5	1425·6	1134·5	1147·8	578·5	612·3
1975	2980·3	2643·1	2447·2	2406·1	2019·5	1891·7	2059·6	1931·2	1657·7	1616·0	702·1	823·7
1976	3217·9	2779·3	2750·1	2484·9	2320·5	2222·8	2276·7	2188·8	1771·3	1720·8	770·2	829·7
1977	3661·2	3066·3	3195·9	2872·1	2680·4	2436·9	2658·7	2494·6	2066·5	1960·1	1003·5	1021·9
1978	3982·0	3711·2	3449·6	3600·0	3002·0	3058·6	3144·4	2997·4	2396·4	2429·9	971·3	979·0
1979	4216·5	3837·5	3837·5	3717·5	3362·9	3183·4	3312·7	3173·7	2741·3	2413·8	1077·8	1067·8
1980	4873·4	4326·6	4405·9	3596·1	3648·1	3535·9	3660·2	3438·9	2981·6	2756·6	1350·3	1441·2

18. FOREIGN TRADE (continued)

3. Trading Partners, 1946– (continued)

(m. rubles)

	Mongolia		Cuba		China		N. Vietnam		N. Korea		Yugoslavia	
	Exports	Imports	Exports	Imports	Exports	Imports	Exports	Imports	Exports	Imports	Exports	Imports
1946	37·8	25·5	0	—	11·4	55·7	—	—	3·4	5·2	16·6	22·3
1947	40·7	33·5	0	0	68·9	72·2	—	—	12·4	9·1	33·9	26·6
1948	35·5	30·3	0	0	112·1	81·2	—	—	25·6	22·8	31·0	41·7
1949	38·5	32·4	0	0	179·7	128·9	—	—	82·6	57·0	2·6	9·6
1950	38·9	35·3	0	—	349·4	169·5	—	—	62·4	38·7	0	0
1951	71·4	50·6	0	—	430·6	298·2	—	—	16·4	26·8	0	0
1952	59·5	45·5	0	—	498·8	372·4	—	—	35·6	26·1	0	0
1953	78·6	45·1	0	0·8	627·8	427·2	—	—	29·5	23·1	0	0
1954	119·2	49·6	0	0·6	683·4	520·5	0	—	16·5	25·0	1·8	1·0
1955	109·5	48·4	—	32·2	673·5	579·2	3·3	0	39·7	36·7	14·8	15·7
1956	93·1	48·8	—	13·2	659·7	687·8	5·2	1·2	48·4	46·1	62·2	44·7
1957	60·9	45·1	—	42·4	489·7	664·3	8·7	2·9	54·0	56·3	65·8	51·1
1958	58·3	42·5	—	13·9	570·6	793·1	7·4	8·9	52·2	42·4	46·0	45·8
1959	70·8	44·6	0	6·7	859·1	990·3	17·9	14·0	66·7	46·4	41·6	47·8
1960	74·6	50·7	67·2	93·4	735·4	763·3	22·0	20·8	35·5	67·2	49·6	47·8
1961	83·2	52·4	258·3	280·7	330·6	496·3	37·2	23·1	69·3	71·2	32·3	49·1
1962	113·6	54·3	333·7	210·6	210·1	464·7	49·2	27·2	72·6	79·4	65·1	41·4
1963	102·6	46·5	359·8	148·0	168·5	371·7	51·0	31·8	73·9	79·3	86·7	78·3
1964	126·8	51·7	331·1	259·6	121·7	282·8	42·5	31·3	74·6	72·6	120·7	108·8
1965	114·1	55·7	337·9	308·0	172·5	203·0	67·4	27·5	80·8	79·5	130·6	169·8
1966	142·2	56·1	431·9	257·3	157·8	128·8	61·4	22·8	77·0	83·1	192·5	173·5
1967	167·8	55·9	506·7	335·5	45·3	51·0	132·9	18·8	99·3	97·2	252·5	209·3
1968	174·5	47·8	561·8	250·0	53·4	33·0	143·3	16·1	155·0	108·8	260·2	195·4
1969	176·6	47·5	561·6	208·5	25·0	26·1	170·4	15·2	181·4	113·9	220·3	205·0
1970	178·3	52·6	580·0	465·0	22·4	19·5	166·5	16·7	207·0	128·9	293·5	226·3

18. FOREIGN TRADE (continued)

3. Trading Partners, 1946– (continued)

(m. rubles)

	Mongolia Exports	Mongolia Imports	Cuba Exports	Cuba Imports	China Exports	China Imports	N. Vietnam Exports	N. Vietnam Imports	N. Korea Exports	N. Korea Imports	Yugoslavia Exports	Yugoslavia Imports
1971	163·8	71·5	602·0	288·9	70·1	68·6	139·3	21·5	330·1	122·2	293·5	254·9
1972	210·2	77·0	616·2	205·5	100·2	110·4	94·2	22·6	251·6	128·4	281·7	287·6
1973	250·6	87·9	679·1	430·5	100·5	100·8	142·9	36·9	224·0	133·3	336·8	334·1
1974	285·2	119·1	926·1	716·2	108·4	105·5	192·3	43·4	194·3	148·9	680·1	559·5
1975	355·1	125·3	1141·3	1447·7	93·1	107·8	158·7	47·8	186·8	151·4	782·4	776·0
1976	474·7	139·8	1351·3	1520·8	179·8	134·6	*(Vietnam)* 232·5	63·6	181·8	118·7	920·9	900·2
1977	550·4	126·1	1634·9	1817·2	118·4	130·1	274·2	129·8	164·7	164·0	1092·6	952·1
1978	596·1	147·0	1946·7	2223·3	163·8	174·9	305·5	152·3	176·5	201·6	1108·2	1069·8
1979	594·4	177·2	2113·2	2136·0	175·2	157·3	446·2	147·6	235·4	256·4	1490·4	1079·3
1980	676·3	207·3	2288·4	1977·6	169·6	147·0	454·9	157·5	287·9	284·2	2069·4	1780·3

18. FOREIGN TRADE (continued)

3. Trading Partners, 1946– (continued)
(m. rubles)

	Great Britain		France		Italy		W. Germany		Finland		Japan	
	Exports	Imports	Exports	Imports	Exports	Imports	Exports	Imports	Exports	Imports	Exports	Imports
1946	28·0	7·7	34·2	0·7	0·4	0·1	—	—	30·2	31·8	0	0
1947	39·0	32·1	10·0	0·1	3·8	0·9	—	—	33·6	35·3	1·9	0·1
1948	123·2	24·1	7·2	0·2	2·7	4·2	—	—	56·9	52·0	5·1	2·4
1949	60·8	33·0	3·1	1·7	20·2	15·5	—	1·1	45·0	58·2	1·7	6·8
1950	92·0	36·2	2·9	3·6	14·6	19·1	—	—	27·0	27·9	3·6	0·6
1951	141·9	70·0	7·7	6·8	16·1	22·0	—	—	45·1	63·5	0	0
1952	117·3	111·5	8·0	9·5	30·3	23·8	0	—	92·4	109·0	0·3	0
1953	81·1	47·7	15·7	18·9	7·4	18·2	0	0·1	113·4	132·3	2·0	0
1954	99·6	46·5	41·0	32·4	34·7	26·4	10·4	3·0	95·2	137·6	1·8	0·2
1955	152·2	64·0	53·7	32·5	15·7	14·7	26·3	21·4	95·6	115·0	2·0	1·6
1956	133·3	67·0	62·7	45·5	30·5	23·4	37·6	61·3	103·3	131·6	2·7	0·7
1957	158·5	100·9	60·3	42·8	26·2	40·9	64·5	55·7	135·4	148·7	7·6	7·8
1958	131·0	65·6	78·4	72·5	34·7	31·7	59·1	64·9	105·4	123·5	17·9	16·0
1959	149·1	81·8	79·0	90·4	70·2	47·5	80·3	108·1	130·1	127·9	30·0	0
1960	173·2	97·3	66·4	116·9	92·4	81·3	106·9	179·3	134·3	129·8	68·5	55·4
1961	204·1	115·4	71·5	108·4	117·2	86·4	106·9	161·4	123·2	127·8	101·7	59·9
1962	191·8	104·8	76·9	137·7	118·3	88·7	121·0	183·9	161·8	194·1	101·7	131·2
1963	193·5	116·9	93·2	63·8	123·0	122·5	118·0	134·1	196·4	188·1	111·5	148·9
1964	214·7	92·9	95·3	62·3	121·0	88·5	112·4	177·6	198·5	151·1	148·2	173·9
1965	262·0	136·8	99·5	102·9	133·2	91·5	128·7	119·8	190·9	217	166·5	159·6
1966	297·0	152·0	117·1	144·3	139·6	85·9	166·9	125·4	231·4	195·3	214·8	201·8
1967	272·8	177·7	130·1	169·5	209·3	139·0	172·6	146·5	219·5	241·8	317·7	149·1
1968	330·0	245·7	123·5	264·9	208·9	187·6	189·3	204·6	219·6	239·3	352·1	166·5
1969	384·2	216·3	126·8	126·0	208·4	285·1	198·8	298·0	236·2	264·6	321·3	237·4
1970	418·2	223·2	290·6	286·8	190·4	281·4	223·4	320·6	258·3	272·4	341·4	310·9

18. FOREIGN TRADE (continued)

3. Trading Partners, 1946– (continued)

(m. rubles)

	Great Britain		France		Italy		W. Germany		Finland		Japan	
	Exports	Imports	Exports	Imports	Exports	Imports	Exports	Imports	Exports	Imports	Exports	Imports
1971	404·7	200·0	194·3	281·9	233·1	261·5	254·7	411·9	322·8	246·3	377·4	356·2
1972	371·1	186·7	194·0	350·3	228·0	235·5	255·9	571·4	297·6	304·1	381·7	433·9
1973	540·6	174·6	272·2	449·4	309·5	304·1	453·8	756·4	415·1	362·3	622·0	372·4
1974	690·5	199·6	397·9	543·1	597·6	539·6	834·5	1374·2	937·6	602·1	905·7	777·5
1975	591·1	368·2	495·7	800·8	638·0	788·8	857·9	1919·4	918·2	837·3	668·9	1253·5
1976	824·9	406·9	773·8	923·2	1069·3	709·2^ϕ	1069·2	1939·6	990·3	988·8	748·4	1372·1*
1977	957·8	378·1□	819·9	904·0	1090·5	790·6^ϕ	1222·7	1744·6†	1050·2	1123·3	853·4	1444·4*
1978	856·9	668·4	839·5	974·2	1112·1	858·6	1362·6	1941·6†	1003·8	1186·4	736·1	1583·7*
1979	1093·1	810·7	1425·9	1197·6	1292·0	863·1	2005·9	2240·7	1468·7	1137·8	944·4	1653·5
1980	859·2	952·6	2242·4	1510·3	2100·8	933·5	2859·4	2920·6	2023·4	1865·1	950·2	1772·6

* Plus 235·0 m. rubles of equipment and pipes in 1976, 82·7 m. rubles in 1977 and 21·8 m. rubles in 1978.
ϕ Plus 74·3 m. rubles of equipment and pipes in 1976 and 189·4 m. rubles in 1977.
□ Plus 16·8 m. rubles of equipment and pipes in 1977 and 8·7 m. rubles in 1978.
† Plus 363·8 m. rubles of equipment and pipes in 1977 and 163·9 m. rubles in 1978.

18. FOREIGN TRADE (continued)

3. Trading Partners, 1946– (continued)
(m. rubles)

	U.S.A. Exports	U.S.A. Imports	Canada Exports	Canada Imports	Australia Exports	Australia Imports	India Exports	India Imports	U.A.R. Exports	U.A.R. Imports	Malaysia Exports	Malaysia Imports
1946	90·9	213·0	0·7	5·1	0	—	1·0	8·3	1·5	—	—	—
1947	70·7	99·3	0·2	0·1	0	0·3	2·9	4·7	3·3	—	—	12·0
1948	73·1	46·6	0·3	—	0	29·4	9·2	11·1	41·6	—	—	40·6
1949	43·7	22·7	0·1	0	0·7	23·8	36·5	12·1	3·5	35·9	—	28·2
1950	43·2	7·2	0·3	0	1·6	24·7	2·1	4·1	19·3	24·7	—	30·5
1951	23·8	0·5	0·8	—	1·7	13·4	11·2	11·0	21·8	6·1	—	18·5
1952	15·8	0·4	1·6	0	0·8	0	0·3	6·9	26·9	27·6	—	4·5
1953	14·8	0·4	0·7	0	1·9	19·6	0·9	0·8	11·3	10·8	—	3·7
1954	14·2	0·5	0·7	4·6	1·2	36·9	2·2	7·4	7·6	8·0	—	—
1955	21·4	0·5	1·8	2·3	1·1	6·1	6·6	4·0	9·9	13·8	—	19·6
1956	24·5	3·9	1·9	22·1	0	0	36·4	16·5	34·6	45·3	0·3	75·6
1957	14·4	9·1	3·8	8·0	0	0·4	76·2	27·8	74·0	99·8	0·6	43·9
1958	23·5	4·2	2·1	22·7	0·4	0	117·0	45·8	78·9	96·4	0	106·2
1959	23·1	16·0	3·6	13·6	0·2	5·1	61·2	54·5	79·2	83·4	0·8	114·0
1960	22·2	53·9	4·7	9·0	0·4	31·2	42·4	61·6	62·8	109·2	1·9	100·4
1961	21·9	45·6	4·2	41·1	0·6	26·0	85·9	60·2	97·8	86·6	1·8	152·6
1962	15·7	24·3	2·3	2·4	0·4	26·7	112·3	64·5	93·0	65·7	2·0	144·9
1963	22·3	25·1	3·1	157·3	0·4	52·5	199·7	85·3	121·7	111·2	3·9	120·4
1964	18·6	146·3	4·7	291·8	1·1	122·2	208·6	140·3	140·1	111·2	3·0	63·8
1965	31·0	58·2	12·2	227·8	1·4	90·7	193·5	169·4	187·8	147·1	0	101·4
1966	42·0	57·0	13·1	311·7	0·9	34·3	174·0	172·0	178·8	135·0	0	113·0
1967	35·4	56·3	20·3	126·7	1·3	17·3	146·2	162·7	253·2	130·6	0·1	86·9
1968	38·6	50·9	17·6	113·6	1·0	35·9	165·0	164·6	178·2	153·6	0	90·4
1969	54·5	105·1	10·5	29·6	1·7	40·2	154·2	199·3	214·4	205·3	1·5	109·6
1970	57·8	103·1	7·5	117·8	1·5	60·3	122·3	242·6	326·9	279·5	1·6	111·0

18. FOREIGN TRADE (continued)

3. Trading Partners, 1946– (continued)

(m. rubles)

	U.S.A.		Canada		Australia		India		Egypt		Malaysia	
	Exports	Imports	Exports	Imports	Exports	Imports	Exports	Imports	Exports	Imports	Exports	Imports
1971	54·4	129·2	12·4	136·2	1·3	68·1	116·3	255·8	343·2	300·7	1·5	77·6
1972	76·4	461·4	18·7	281·1	1·8	71·2	138·5	312·5	266·1	247·6	1·0	58·4
1973	137·8	1023·2	20·9	244·1	3·2	194·8	222·8	366·0	277·2	263·9	0·9	96·7
1974	177·3	564·9	28·9	82·1	5·4	178·5	269·4	346·1	301·3	426·8	0·7	188·0
1975	137·4	1462·1	31·9	439·3	2·1	327·3	292·1	393·5	262·0	448·3	0·8	101·3
1976	198·7	2006·8	41·9	499·3	3·1	406·6	271·0	376·5	199·8	330·8	4·2	103·5
1977	271·6	1256·3	49·2	368·1	4·3	324·6	360·8	565·2	203·3	289·1	8·6	127·8
1978	255·3	1599·3	28·7	358·9	4·6	274·8	364·1	407·3	147·5	198·0	4·2	121·1
1979	350·2	2486·9	32·4	453·4	5·3	393·2	525·1	510·0	126·8	198·4	4·0	163·7
1980	151·0	1351·5	30·0	971·6	6·0	775·4	861·2	878·6	172·7	211·0	14·2	193·3

18. FOREIGN TRADE (continued)

4. Exports—some commodities

	Machinery and equipment (m. rubles)	(motor vehicles)* (units)	Oil (000 tons)	Rolled metal products (ferrous) (000 tons)	Copper (000 tons)	Rounded and sawn timber (000 tons)	Furs (m. rubles)	Grain (m. tons)
1913	13·8	—	952·5	27·5	0·350	7353·6	22·6	9·182
1918	0·073	—	—	—	—	—	—	—
1919	—	—	—	—	—	—	—	0·002
1920	—	—	—	—	—	—	—	—
1921	0·007	—	—	—	2·062	2·94	4·79	—
1921/22	0·301	—	1·72	0·076	—	—	—	0·004
1922/23	0·923	—	52·3	—	0·0004	0·484	0·007	0·003
1923/24	1·31	—	84·3	—	0·017	504·1	156·8	0·001
1924/25	5·68	—	711·6	0·819	0·0001	919·0	9·76	0·728
1925/26	3·53	—	1372·5	0·068	0·027	2009·1	17·7	2·576
1926/27	2·48	—	1473·5	4·05	0·012	2086·6	7·71	0·569
1927/28	3·20	—	2086·1	4·46	0·015	1872·5	64·6	2·016
1928 (Oct.–Dec.)	0·279	—	2782·8	2·74	1·719	2429·1	234·6	2·099
1929	2·81	—	795·9	25·1	0·076	2912·9	241·5	0·289
1930	8·32	—	3858·6	7·32	0·006	1098·1	300·1	0·001
1931	16·4	—	4713·0	5·24	0·005	5376·6	415·9	0·178
1932	17·5	—	5225·5	17·7	0·043	7229·8	60·9	4·764
1933	16·3	—	6117·7	13·7	008	5914·6	371·6	5·056
1934	21·6	266	4930·1	9·06	0·013	5546·1	267·8	1·727
1935	27·3	844	4315·2	8·04	0·045	6115·7	195·9	1·684
1936	23·4	1848	3368·6	37·0	0·002	6323·5	147·4	0·769
1937	41·8	3429	2665·6	22·7	0·0004	6605·8	134·4	1·517
1938	51·2	6776	1929·3	27·7	0·001	5888·4	111·4	0·321
1939	14·6	618	1388·4	46·5	0·001	4994·3	104·5	1·277
1940	21·1	1305	474·2	81·0	0·001	3151·7	123·3	2·054
			874·3	53·0	0·002	1715·6	115·4	0·277
				9·5	0·028	1006·9	96·1	1·155
				32·1			81·4	
							82·3	

4. Exports—some commodities (continued)

	Machinery and equipment (m. rubles)	Motor vehicles* (000)	Oil and oil products (m. tons)	Gas (b. cubic metres)	Copper (000 tons)	Aluminium (000 tons)	Round and sawn timber† (m. cubic metres)	Cotton (000 tons)	Furs (m. rubles)	Grain (000 tons)	Refined sugar (000 tons)
1946	34	1.9	0.5	0.088	2.3	0.6	0.3	101.8	65.8	1.7	28.2
1947	20	3.2	0.8	0.083	3.7	0.9	0.5	138.4	44.1	0.8	17.8
1948	53	7.8	0.7	0.107	8.4	4.4	0.8	184.3	48.1	3.2	14.6
1949	119	11.8	0.9	0.098	16.9	9.9	1.4	191.6	35.8	2.4	62.8
1950	191	17.4	1.1	0.077	26.7	11.7	1.7	215.8	37.4	2.9	96.5
1951	306	16.2	2.5	0.080	36.0	20.0	1.4	235.2	35.7	4.1	124.4
1952	408	26.4	3.1	0.103	47.8	20.0	1.2	253.1	30.1	4.5	138.1
1953	471	27.0	4.2	0.127	44.5	40.6	1.9	269.8	24.8	3.1	195.2
1954	479	34.7	6.5	0.134	45.3	51.4	2.7	347.6	26.2	3.9	207.5
1955	539	35.3	8.0	0.139	36.7	41.6	3.9	336.9	34.8	3.7	209.7
1956	562	31.5	10.1	0.136	52.4	59.9	3.8	309.5	34.9	3.2	174.4
1957	587	34.2	13.7	0.170	60.6	85.4	5.8	318.7	33.9	7.4	190.5
1958	715	51.5	18.1	0.206	43.8	114.9	6.6	310.9	32.0	5.1	200.4
1959	1051	59.3	25.4	0.222	58.8	77.4	7.9	344.5	37.5	7.0	197.2
1960	1027	54.4	33.2	0.242	64.4	68.0	9.4	390.9	41.6	6.8	242.9
1961	868	51.8	41.2	0.272	60.4	86.0	10.9	382.6	39.2	7.480	413.7
1962	1052	61.0	45.4	0.300	71.3	115.7	13.4	343.6	44.2	7.814	792.4
1963	1292	58.3	51.4	0.301	72.0	122.1	14.6	321.5	62.9	6.259	802.4
1964	1450	65.7	56.6	0.295	89.5	175.2	17.1	393.6	53.0	3.513	347.7
1965	1472	63.7	64.4	0.392	93.1	229.0	19.1	457.7	52.1	4.330	604.1
1966	1654	96.2	73.6	0.828	120.1	255.7	20.7	507.8	60.1	3.556	992.8
1967	1832	102.7	79.0	1.3	94.0	253.1	19.8	534.4	52.0	6.248	1032.3
1968	2072	111.4	86.2	1.7	109.3	287.6	20.7	554.4	51.6	5.406	1299.6
1969	2361	106.4	90.8	2.7	107.4	320.0	21.5	452.3	47.5	7.2	1100
1970	2482	120.1	95.8	3.3	123.1	368.9	23.3	516.5	44.7	5.7	1100

18. FOREIGN TRADE (continued)

4. Exports—some commodities (continued)

	Machinery and equipment (m. rubles)	(Motor vehicles)* (000)	Oil and oil products (m. tons)	Gas (b. cubic metres)	Copper (000 tons)	Aluminium (000 tons)	Round and sawn timber† (m. cubic metres)	Cotton (000 tons)	Furs (m. rubles)	Grain (m. tons)	Refined sugar (000 tons)
1971	2704·8	186·2	105·1	4·6	173·6	405·6	22·5	546·8	45·7	8·6	1002·1
1972	3005·7	234·4	107·0	5·1	202·1	455·4	22·9	652·2	50·6	4·560	49·5
1973	3449·9	276·7	118·3	6·8	237·7	518·3	26·9	728·3	54·4	4·853	42·9
1974	3973·9	324·7	116·2	14·0	248·0	528·7	26·1	738·7	58·6	7·030	95·2
1975	4489·7	334·1	130·4	19·3	205·6	502·4	24·7	800·2	52·4	3·578	53·3
1976	5428·0	381·7	148·5	25·8	—	—	26·4	877·9	81·7	1·468	73·0
1977	6246·8	362·0ϕ	—	—	—	—	26·1	972·5	86·1	—	81·1
1978	6991·4	387·8	—	—	—	—	25·4	857·8	92·4	—	162·1
1979	7436·7	378·8	—	—	—	—	22·9	789·0	106·9	—	225·5
1980	7844·8	328·8	—	—	—	—	21·1	843·2	103·8	—	151·7

* Motor vehicles are included in 'Machinery and equipment'.
† Pre-war timber figures are given in 000 tons, post-war figures in 000,000 cubic metres.
ϕ Light vehicles only (comparable figure in 1976 was 344·7); exports of heavy vehicles, inc. buses and specialised vehicles, were stable in the range 35,000 to 40,000 in the years 1971–6.

5. Imports—some commodities

	Machinery and equipment (m. rubles)	Pipes (000 tons)	Copper (000 tons)	Natural rubber (000 tons)	Cotton (000 tons)	Wool (000 tons)	Grain† (000 tons)	Meat (000 tons)	Raw sugar (000 tons)	Clothing (m. rubles)	Leather footwear* (m. rubles)
1913	796·8	13·1	6·16	12·8	197·2	55·5	465·6	14·7	0·235	56·7	7·39
1918	18·2	—	—	0·512	1·98	0·385	—	—	—	0·836	18·3
1919	0·131	—	—	—	—	—	0·085	—	—	0·021	0·021
1920	15·1	0·178	—	—	—	0·131	—	0·024	2·57	17·5	8·49
1921	93·7	7·34	—	0·429	0·483	0·054	141·9	9·70	6·94	57·7	179·1
1921/22	203·4	5·28	—	0·393	0·065	0·016	582·9	16·2	42·3	70·3	52·5
1922/23	110·9	5·50	—	0·131	29·9	1·47	13·4	7·09	21·5	12·0	4·16
1923/24	108·1	7·79	—	0·050	100·3	14·5	41·3	5·63	25·9	17·5	1·14
1924/25	344·3	5·59	0·550	4·89	107·1	17·8	281·3	0·281	227·8	1·23	0·739
1925/26	542·1	14·8	1·52	7·26	103·2	21·6	31·8	0·077	38·1	1·61	1·04
1926/27	547·2	30·1	10·9	11·0	162·7	29·8	43·6	0·185	4·27	9·03	0·390
1927/28	788·0	73·2	18·2	14·7	145·2	34·7	277·0	0·201	3·66	2·16	0·572
1928(Oct.–Dec.)	172·1	24·2	27·6	2·23	27·9	11·8	1·04	0·017	0·001	3·97	0·028
1929	923·3	17·3	3·64	12·8	115·0	39·2	45·7	0·283	36·4	1·87	0·074
1930	1726·6	39·6	25·1	16·4	57·9	32·7	48·2	1·35	310·9	6·99	0·171
1931	2076·2	114·3	20·6	28·2	53·7	30·7	37·1	1·97	0·072	3·33	0·606
1932	1366·9	59·7	12·0	30·7	24·3	25·9	184·8	9·34	41·5	0·614	1·00
1933	521·9	90·2	7·87	31·3	22·6	28·5	12·8	6·09	6·94	0·944	0·662
1934	202·9	60·1	11·5	48·1	24·9	26·8	32·7	9·59	11·4	3·60	0·432
1935	198·1	38·8	29·6	38·3	44·2	34·3	15·3	5·99	0·256	2·93	0·358
1936	419·4	36·8	45·3	31·5	16·7	28·2	6·34	2·86	0·307	1·26	0·149
1937	278·5	29·1	65·3	31·0	22·1	31·1	0·060	2·87	0·177	0·816	1·14
1938	376·4	24·1	82·2	27·3	16·5	31·0	128·7	2·69	0·072	0·420	0·171
1939	288·3	2·55	35·7	30·7	3·99	24·9	154·5	2·43	0·010	0·483	0·071
1940	353·6	41·7	70·0	18·2	9·83	23·4	85·8	5·57	25·3	0·318	0·068

* 1913–40 data in m. rubles, but 1946— data in m. pairs.
† Grain imports are in 000 tons, grain exports in 000,000 tons.

18. FOREIGN TRADE (continued)

5. Imports—some commodities (continued)

	Machinery and equipment (m. rubles)	Pipes (000 tons)	Copper (000 tons)	Natural rubber (000 tons)	Cotton (000 tons)	Wool (000 tons)	Grain† (000 tons)	Meat (000 tons)	Raw sugar (000 tons)	Clothing (m. rubles)
1946	197	71·9	8·3	3·3	—	24·1	118·7	19·0	—	5·7
1947	119	51·0	1·8	43·2	—	27·4	254·5	12·1	—	7·1
1948	99	93·1	7·2	108·4	—	45·7	587·3	7·3	—	10·8
1949	193	102·7	4·1	86·9	106·1	36·3	134·2	17·3	—	14·6
1950	282	143·3	6·4	87·2	45·0	34·9	206·8	47·4	—	1·1
1951	372	164·5	1·5	127·2	4·1	32·2	239·7	50·9	—	8·3
1952	486	194·7	7·1	148·0	34·4	29·2	224·3	82·3	—	11·2
1953	685	206·6	13·2	70·0	20·3	41·4	86·0	126·5	9·6	9·8
1954	875	136·2	29·5	20·6	15·9	57·2	221·9	296·9	9·5	19·9
1955	833	123·1	43·8	35·3	19·9	46·5	305·6	240·8	205·6	20·3
1956	806	145·1	44·7	140·7	51·4	48·5	493·6	207·3	214·3	84·5
1957	846	122·6	59·3	145·5	108·8	57·3	152·5	116·8	350·9	135·5
1958	958	157·6	93·8	258·7	142·1	55·2	781·6	156·6	197·9	199·3
1959	1217	500·8	115·7	242·1	190·3	57·8	256·5	112·8	132·5	338·1
1960	1508	578·5	106·0	190·9	193·1	61·5	240·4	66·9	1467·8	360·0
1961	1561	631·0	82·2	360·3	141·6	55·3	678·7	59·7	3345·0	357·7
1962	2016	961·7	106·4	361·7	150·2	48·6	46·2	149·1	2233·2	398·7
1963	2219	656·6	88·0	298·4	225·6	42·4	3102·9	37·4	996·4	464·4
1964	2398	514·1	9·5	186·1	144·9	46·3	7286·5	119·9	1859·3	418·2
1965	2423	766·8	0·7	271·2	182·9	52·8	6375·2	252·2	2330·7	387·9
1966	2308	596·2	7·4	311·1	172·7	61·3	7746·4	133·2	1840·9	453·3
1967	2625	582·7	1·4	278·5	144·5	49·8	2187·4	57·5	2479·7	573·1
1968	3127	765·5	9·4	325·9	136·8	70·8	1605·9	59·6	1752·2	619·8
1969	3486	0·405	295·0	170·5	75·8	639·1	75·8	1.3 m tons	613·6
1970	3706	1.0 m tons 1·3	1·021	316·5	257·7	82·7	2158·5	164·9	3·2	699·2

18. FOREIGN TRADE (continued)

5. Imports—some commodities (continued)

	Machinery and equipment (m. rubles)	Pipes (000 tons)	Copper (000 tons)	Natural rubber (000 tons)	Cotton (000 tons)	Wool (000 tons)	Grain† (000 tons)	Meat (000 tons)	Raw sugar (000 tons)	Clothing (m. rubles)
1971	3,816·8	1·4	7·4	240·1	242·7	83·1	3·5	224·6	1·5	774·6
1972	4,609·9	1·5	8·8	231·1	166·6	83·0	15·5	133·9	1·7	822·3
1973	5,338·7	2·0	6·1	260·2	130·7	96·0	23·9	128·5	2·5	845·5
1974	6,104·0	2·2	4·9	314·6	140·1	100·3	7·1	515·1	1·9	960·6
1975	9,045·7	2·723	8·5	234·5	136·8	110·0	15·9	515·2	3·236	1,135·5
1976	10,427·2	2·985	—	—	116·5	109·6	20·6	361·5	3·343	1,187·7
1977	11,466·5	—	—	—	94·4	111·6	—*	616·9	4·287	1,274·1
1978	14,526·3	—	—	—	65·1	127·0	—*	183·6	3·990	1,323·2
1979	14,392·1	—	—	218·6	85·6	134·5	—*	611·3	3·766	1,294·7
1980	15,063·5	—	—	214·7	49·3	124·2	—	820·9	3·839	1,670·2

* No figure is published for the total quantity of grain imported after 1976, but the quantities imported from the major western suppliers are published and these were as follows: from USA – 1978 = 14·3 m. tons, 1979 = 18·4 m. tons, 1980 = 7.3 m. tons; from Canada (wheat only) – 1978 = 3.2 m. tons, 1979 = 1.9 m. tons, 1980 = 4.9 m. tons; Australia (wheat only) – 1978 = 1·1 m. tons, 1979 = 1·3 m. tons, 1980 = 3.4 m. tons.

Sources: *Vneshnyaya Torgovlya SSSR* 1918–40; 1918–1966; 1955–59; 1959–63; 1964; 1966; 1968; 1970; etc.

II. INDUSTRIAL PRODUCTION

19. COAL

Production (*m. tons*)

1913	29·1[x]	1950	261·1
	29·2[y]	1951	281·9
		1952	300·9
1917	31·3	1953	320·4
1918	13·1	1954	347·1
1919	9·4		
		1955	391·3
1920	8·7	1956	429·2
1921	9·5	1957	463·5
1922	11·3	1958	496·1
1923	12·7	1959	506·6
1924	16·3		
		1960	509·6
1925	16·5	1961	506·4
1926	25·8	1962	517·4
1927	32·3	1963	531·7
1928	35·5	1964	554·0
1929	40·1		
		1965	577·7
1930	47·8	1966	585·6
1931	56·8	1967	595·2
1932	64·4	1968	594·2
1933	76·3	1969	607·8
1934	94·2		
		1970	624·1
1935	109·6	1971	640·9
1936	126·8	1972	655·2
1937	128·0	1973	667·6
1938	133·3	1974	684·5
1939	146·2		
		1975	701·3
1940	165·9	1976	711·5
		1977	722·1
1945	149·3	1978	723·6
1946	164·1	1979	718·7
1947	183·2		
1948	208·2	1980	716·4
1949	235·5	1981	704

[x] Pre-1939 territory } These symbols recur frequently throughout
[y] Present territory } for 1913 figures, with the same meaning.

Sources: *Nar. Khoz. 1968*, 238; *1969*, 201; *1970*, 187; *1975*, 242; *1980*, 157
Pravda (24 January 1982)
Promyshlennost' SSSR (1957), 140

20. OIL AND GAS

Crude oil production (*m. tons*)

1913	9·2[x]	1950	37·9
	10·3[y]	1951	42·3
1914	9·2	1952	47·3
1915	9·4	1953	52·8
1916	10·0	1954	59·3
1917	8·8	1955	70·8
1918	4·1	1956	83·8
1919	4·4	1957	93·3
1920	3·9	1958	113·2
1921	3·8	1959	129·6
1922	4·7	1960	147·9
1923	5·3	1961	166·1
1924	6·1	1962	186·2
1925	7·1	1963	206·1
1926	8·3	1964	223·6
1927	10·3	1965	242·9
1928	11·6	1966	265·1
1929	13·7	1967	288·1
1930	18·5	1968	309·2
1931	22·4	1969	328·3
1932	21·4	1970	353·0
1933	21·5	1971	377·1
1934	24·2	1972	400·4
1935	25·2	1973	429·0
1936	27·4	1974	458·9
1937	28·5	1975	490·8
1938	30·2	1976	519·7
1939	30·3	1977	545·8
1940	31·1	1978	571·5
		1979	585·6
1945	19·4	1980	603·2
1946	21·7		
1947	26·0	1981	609
1948	29·2		
1949	33·4		

Sources: *Nar. Khoz. 1969*, 197; *1970*, 184; *1975*, 240; *1980*, 156
Pravda, 24 January 1982
Promyshlennost' SSSR (1956), 153; (1964), 205

20. OIL AND GAS (continued)

Natural gas extraction (*mlrd cubic metric*)

1913	—	1955	8·981
1928	0·304	1956	12·07
		1957	18·58
1932	1·049	1958	28·09
1937	2·179	1959	35·39
1940	3·219	1960	45·36
		1961	58·98
1945	3·278	1962	73·53
1950	5·761	1963	89·83
1951	6·252	1964	108·6
1952	6·384	1965	127·7
1953	6·869	1966	143·0
1954	7·512	1967	157·4
		1968	169·1
		1969	181·1
		1970	197·9
		1971	212·4
		1972	221·4
		1973	236·3
		1974	260·6
		1975	289·3
		1976	321·0
		1977	346·0
		1978	372·2
		1979	406·6
		1980	435·2
		1981	465

Sources: *Nar. Khoz. 1969*, 199; *1970*, 185; *1975*, 241; *1980*, 157
Pravda (24 January 1982)
Promyshlennost' SSSR (1964), 213

21. ELECTRICITY

	All power stations		of which, hydro stations	
	Capacity (m.KW)	Output (mlrd KWH)	Capacity (m.KW)	Output (mlrd KWH)
1913	1·098[x] 1.141[y]	1·945[x] 2·039[y]	} 0·016	} 0·035
1916	1·192	2·575	0·016	0·037
1920		0·2		
1921	1·228	0·520	0·018	0·010
1922	1·247	0·776	0·019	0·012
1923	1·279	1·146	0·021	0·020
1924	1·308	1·562	0·023	0·030
1925	1·397	2·925	0·026	0·040
1926	1·586	3·508	0·089	0·050
1927	1·698	4·205	0·103	0·256
1928	1·905	5·007	0·121	0·430
1929	2·296	6·224	0·126	0·462
1930	2·875	8·368	0·128	0·555
1931	3·972	10·686	0·130	0·592
1932	4·677	13·540	0·504	0·812
1933	5·583	16·357	0·740	1·250
1934	6·315	21·011	0·840	2·376
1935	6·923	26·288	0·896	3·676
1936	7·529	32·837	0·956	4·013
1937	8·235	36·173	1·044	4·184
1938	8·941	39·366	1·173	5·084
1939	9·894	43·203	1·295	4·705
1940	11·193	48·309	1·587	5·113
1945	11·124	43·257	1·252	4·841
1946	12·338	48·571	1·427	6·046
1947	13·677	56·491	1·857	7·283
1948	15·157	66·341	2·191	9·369
1949	17·149	78·257	2·798	11·512

21. ELECTRICITY (continued)

| | All power stations | | of which, hydro stations | |
	Capacity (m.kw)	Output (mlrd kwh)	Capacity (m.kw)	Output (mlrd kwh)
1950	19·614	91·226	3·218	12·691
1951	22·117	104·022	3·338	13·722
1952	25·250	119·116	3·814	14·908
1953	28·602	134·325	4·520	19·201
1954	32·815	150·695	5·135	18·561
1955	37·246	170·225	5·996	23·165
1956	43·470	191·653	8·498	29·984
1957	48·397	209·688	10·040	39·429
1958	53·641	235·350	10·863	46·478
1959	59·267	265·112	12·710	47·630
1960	66·721	292·274	14·781	50·913
1961	74·098	327·611	16·366	59·122
1962	82·461	369·275	18·622	71·944
1963	93·050	412·418	20·830	75·859
1964	103·584	458·902	21·251	77·361
1965	115·033	506·672	22·244	81·434
1966	123·007	544·566	23·077	91·823
1967	131·727	587·699	24·813	88·571
1968	142·504	638·661	27·035	104·040
1969	153·790	689·050	29·645	115·181

21. ELECTRICITY (continued)

	All power stations		of which, hydro stations	
	Capacity (m.kw)	Output (mlrd kwh)	Capacity (m.kw)	Output (mlrd kwh)
1970	166·150	740·926	31·368	124·377
1971	175·365	800·360	33·448	126·099
1972	186·239	857·435	34·846	122·899
1973	195·560	914·606	35·320	122·345
1974	205·442	975·754	36·978	132·030
1975	217·484	1038·607	40·515	125·987
1976	228·307	1111·420	43·131	135·735
1977	237·805	1150·074	45·219	147·014
1978	245·441	1201·896	47·549	169·701
1979	255·282	1238·196	49·991	172·023
1980	266·710	1295·000	52·311	184·000
1981		1325		

Sources: *Nar. Khoz. 1969*, p. 192; *1970*, 179; *1975*, 235; *1980*, 154
Pravda (24 January 1982)
Promyshlennost' SSSR (1964), 231–2
SSSR i Zarubezhnye strany: stat. sbor. (1970), 50

22. IRON

Iron ore extraction (*m. tons*)

1913	$9 \cdot 2^{xy}$	1950	39·7
		1951	44·9
1917	5·3	1952	52·6
1918	0·6	1953	59·7
1919	0·09	1954	64·3
1920	0·16		
1921	0·129	1955	71·9
1922	0·245	1956	78·1
1923	0·505	1957	84·3
1924	1·1	1958	88·8
		1959	94·4
1925	2·2	1960	105·9
1926	3·5	1961	117·6
1927	5·0	1962	128·1
1928	6·1	1963	137·5
1929	8·0	1964	145·9
1930	10·7		
1931	10·6	1965	153·4
1932	12·1	1966	160·3
1933	14·5	1967	168·2
1934	21·5	1968	176·6
		1969	186·1
1935	26·8	1970	195·5
1936	27·8	1971	203·0
1937	27·8	1972	208·1
1938	26·6	1973	216·1
1939	26·9	1974	224·8
1940	29·9		
		1975	232·8(234·7)
1945	15·9	1976	241·1
1946	19·3	1977	241·9
1947	23·3	1978	246·3
1948	28·0	1979	241·7
1949	32·6		
		1980	244·7
		1981	242

N.B. *Nar. Khoz. 1979* gives slightly higher figures for 1975 onwards than previous volumes; both figures are given here for 1975, thereafter the revised figures.

Sources: *Nar. Khoz. 1932*, 6–7; *1959*, 169; *1969*, 207; *1970*, 193; *1975*, 247; *1980*, 159
Pravda (24 January 1982)
SSSR i Zarubezhnye strany: stat. sbor. (1970), 50

22. IRON (continued)

Pig iron production (*m. tons*)

1913	$4 \cdot 2^{xy}$	1950	19·2
1917	3·0	1951	21·9
1918	0·60	1952	25·1
1919	0·12	1953	27·4
		1954	30·0
1920	0·12		
1921	0·12	1955	33·3
1922	0·18	1956	35·8
1923	0·31	1957	37·0
1924	0·67	1958	39·6
		1959	43·0
1925	1·3		
1926	2·2	1960	46·8
1927	3·0	1961	50·9
1928	3·3	1962	55·3
1929	4·0	1963	58·7
		1964	62·4
1930	5·0		
1931	4·9	1965	66·2
1932	6·2	1966	70·3
1933	7·1	1967	74·8
1934	10·4	1968	78·8
		1969	81·6
1935	12·5		
1936	14·4	1970	85·9
1937	14·5	1971	89·3
1938	14·7	1972	92·3
1939	14·5	1973	95·9
		1974	99·9
1940	14·9		
		1975	103·0
1945	8·8	1976	105·4
1946	9·9	1977	107·4
1947	11·2	1978	110·7
1948	13·7	1979	109·0
1949	16·4	1980	107·3

Sources: *Nar Khoz. 1959*, 163; *1969*, 204; *1970*, 190; *1975*, 244; *1980*, 158

23. STEEL

Production (m. tons)

1913	4·3[x]	1950	27·3
	4·2[x]	1951	31·4
		1952	34·5
1917	3·1	1953	38·1
1918	0·40	1954	41·4
1919	0·20		
		1955	45·3
1920	0·19	1956	48·7
1921	0·22	1957	51·2
1922	0·32	1958	54·9
1923	0·62	1959	60·0
1924	1·0		
		1960	65·3
1925	1·9	1961	70·8
1926	2·9	1962	76·3
1927	3·6	1963	80·2
1928	4·3	1964	85·0
1929	4·9		
		1965	91·0
1930	5·8	1966	96·9
1931	5·6	1967	102·2
1932	5·9	1968	106·5
1933	6·9	1969	110·3
1934	9·7		
		1970	115·9
1935	12·6	1971	120·7
1936	16·4	1972	125·6
1937	17·7	1973	131·5
1938	18·1	1974	136·2
1939	17·6		
		1975	141·3
1940	18·3	1976	144·8
		1977	146·7
1945	12·3	1978	151·5
1946	13·3	1979	149·1
1947	14·5		
1948	18·6	1980	147·9
1949	23·3	1981	149

Sources: *Nar. Khoz. 1959*, 163; *1969*, 204; *1970*, 190; *1975*, 244; *1980*, 158
Pravda (24 January 1982)

24. ROLLED STEEL PRODUCTS

Production (*m. tons*)

	Total	Finished rolled steel		Total	Finished rolled steel
1913	3·5	3·3[x]	1950	20·9	18·0
		3·4[y]	1951	24·0	
1917	2·4	2·3	1952	26·8	23·1
1918	0·36		1953	29·4	25·4
1919	0·18		1954	32·1	
1920	0·15		1955	35·3	30·6
1921	0·17	0·15	1956	37·8	32·4
1922	0·26		1957	40·2	33·9
1923	0·47		1958	43·1	36·3
1924	0·69		1959	47·0	39·6
1925	1·4		1960	51·0	43·7
1926	2·3		1961	55·3	47·5
1927	2·8		1962	59·3	51·4
1928	3·4	3·2	1963	62·5	54·1
1929	3·9		1964	66·7	57·4
1930	4·6		1965	70·9	61·7
1931	4·3		1966	76·7	66·1
1932	4·4	4·1	1967	81·7	70·6
1933	5·1		1968	85·3	74·1
1934	7·0		1969	87·5	76·3
1935	9·4		1970	92·5	80·6
1936	12·5		1971	—	84·1
1937	13·0	11·1	1972	—	87·5
1938	13·3		1973	—	91·5
1939	12·7		1974	—	94·3
1940	13·1	11·4	1975	115·0	98·7
			1976	118·2	101·4
1945	8·5	7·4	1977	118·3	102·1
1946	9·6	8·3	1978	121·8	105·4
1947	11·1		1979	119·1	103·2
1948	14·2		1980	118·3	102·9
1949	18·0		1981	—	103

Sources: *Nar. Khoz. 1959*, 163, 166; *1962*, 149; *1963*. 145; *1964*, 169; 171; *1967*, 245; *1969*, 206; *1970*, 192; *1975*, 244; *1980*, 158
Pravda (24 January 1982)
Promyshlennost' SSSR (1964), 168–9

25. STEEL PIPE

Production (000 tons)

1913	77·7	1950	2001
1917	56·3	1951	2286
1918	8·2	1952	2616
1919	4·1	1953	3026
		1954	3339
1920	—		
1921	—	1955	3549
1922	10·5	1956	3851
1923	27·8	1957	4198
1924	49·1	1958	4623
		1959	5215
1925	75·3		
1926	113	1960	5805
1927	132	1961	6357
1928	171	1962	6878
1929	189	1963	7521
		1964	8124
1930	233		
1931	284	1965	9014
1932	310	1966	9905
1933	348	1967	10,582
1934	470	1968	11,215
		1969	11,551
1935	639		
1936	859	1970	12,434
1937	923	1971	13,356
1938	909	1972	13,829
1939	917	1973	14,369
		1974	14,961
1940	966		
		1975	15,967
1945	571	1976	16,806
1946	796	1977	17,021
1947	950	1978	17,553
1948	1324	1979	18,185
1949	1728		
		1980	18,169
		1981	18·3 million

Sources: *Nar. Khoz. 1959*, 163; *1969*, 204; *1970*, 192; *1975*, 244; *1980*, 158
Pravda (24 January 1982)

26. MINERAL FERTILISERS

Production (*m. tons, standard units*)

1913	0·069[x]	1950	5·5
	0·089[y]	1951	5·9
1928	0·135	1952	6·4
1929	0·208	1953	7·0
		1954	8·1
1930	0·503		
1931	0·701	1955	9·7
1932	0·920	1956	10·9
1933	1·0	1957	11·8
1934	1·4	1958	12·4
		1959	12·9
1935	2·3		
1936	2·8	1960	13·9
1937	3·2	1961	15·3
1938	3·4	1962	17·3
1939	3·6	1963	19·9
		1964	25·5
1940	3·2		
		1965	31·3
1945	1·1	1966	35·9
1946	1·7	1967	40·1
1947	2·4	1968	43·5
1948	3·5	1969	45·9
1949	4·6		
		1970	55·4
		1971	61·4
		1972	66·1
		1973	72·3
		1974	80·4
		1975	90·2
		1976	92·2
		1977	96·8
		1978	98·0
		1979	94·5
		1980	103·9

Sources: *Nar Khoz. 1959*, 202; *1969*, 212; *1970*, 198; *1975*, 252; *1980*, 161

27. SULPHURIC ACID (MONOHYDRATE)

Production (*m. tons*)

1913	0·15[y]	1950	2·13
	0·12[x]	1951	2·37
		1952	2·66
1928	0·211	1953	2·92
1929	0·265	1954	3·29
1930	0·396		
1931	0·464	1955	3·80
1932	0·552	1956	4·32
1933	0·627	1957	4·57
1934	0·782	1958	4·80
		1959	5·08
1935	0·994		
1936	1·20	1960	5·40
1937	1·37	1961	5·72
1938	1·54	1962	6·13
1939	1·63	1963	6·89
		1964	7·65
1940	1·59		
		1965	8·52
1945	0·781	1966	9·37
1946	0·725	1967	9·74
1947	0·996	1968	10·16
1948	1·48	1969	10·67
1949	1·85		
		1970	12·06
		1971	12·78
		1972	13·69
		1973	14·86
		1974	16·66
		1975	18·65
		1976	20·02
		1977	21·10
		1978	22·41
		1979	22·36
		1980	23·0
		1981	24·1

Sources: *Nar. Khoz. 1959*, 204; *1969*, 211; *1970*, 197; *1975*, 251; *1980*, 162
Pravda (24 January 1982)
Promyshlennost' SSSR (1957), 196

28. PLASTICS AND SYNTHETIC RESINS

Production (*000 tons*)

	*post-1964 definition**	*pre-1964 definition**		*post-1964*	*pre-1964*
1931		3·5	1955	160·3	177·3
1932		3·9	1956		206·3
1933		4·2	1957		225·2
1934		5·6	1958	237·0	257·5
1935		7·6	1959	271·6	292·7
1940	10·9	14·9	1960	311·6	331·7
1945	21·3	27·0	1961	383·7	404·4
1946	26·3		1962	451·7	473·1
			1963	567·2	589·4
1950	67·1	74·5	1964	700·8	
1951		73·3	1965	803·1	
1952		84·4	1966	971·2	
1953		103·6	1967	1113·6	
1954		135·4	1968	1291·6	
			1969	1452·6	
			1970	1673	
			1971	1864	
			1972	2042	
			1973	2320	
			1974	2493	
			1975	2842	
			1976	3058	
			1977	3309	
			1978	3516	
			1979	3478	
			1980	3636	
			1981	4.1 million	

* From 1964 onwards a different definition, giving slightly lower figures, has been used. No post-1964 figures are available on the old definition, and only certain pre-1964 ones on the new definition. Hence the two series are given side by side. It is not clear whether the few figures available for the pre-war period are on the same definition as post-war before 1964.

Sources: *Nar. Khoz. 1965*, 190; *1969*, 214; *1970*, 200; *1975*, 254; *1980*, 163
Pravda (24 January 1982)
Promyshlennost' SSSR (1964), 146
Sots. stroi SSSR (1936), 177

29. CHEMICAL FIBRES

Production (*000 tons*)

1928	0·2	1955	110·5
1932	2·8	1956	128·9
		1957	148·7
1937	8·6	1958	166·0
1940	11·1	1959	179·4
1945	1·1	1960	211·2
1946	3·2	1961	250·4
1947	6·7	1962	277·3
1948	11·1	1963	308·4
1949	17·0	1964	361·1
1950	24·2	1965	407·3
1951	35·4	1966	458·3
1952	49·2	1967	510·6
1953	62·3	1968	553·7
1954	78·8	1969	583·5
		1970	623
		1971	676
		1972	746
		1973	830
		1974	887
		1975	955
		1976	1020
		1977	1088
		1978	1131
		1979	1100
		1980	1176
		1981	1.2 million

Sources: *Nar. Khoz. 1959*, 205; *1969*, 214; *1970*, 200; *1975*, 253; *1980*, 162
Pravda (24 January 1982)
Promyshlennost' SSSR (1964), 148–9

30. TYRES*

Production (*m. units*)

Year	Production	Year	Production
1928	0·085	1950	7·40
1929	0·148	1951	7·52
1930	0·368	1952	7·60
1931	0·573	1953	8·11
1932	0·553	1954	9·28
1933	0·679	1955	10·2
1934	1·55	1956	11·3
1935	2·08	1957	12·8
1936	2·21	1958	14·4
1937	2·70	1959	15·5
1938	3·60	1960	17·2
1939	4·22	1961	19·0
1940	3·0	1962	20·8
		1963	22·6
1945	1·4	1964	24·4
1946	2·0	1965	26·4
1947	2·95	1966	27·7
1948	4·07	1967	29·6
1949	5·08	1968	31·8
		1969	32·6
		1970	34·6
		1971	36·2
		1972	38·8
		1973	42·3
		1974	47·1
		1975	51·5
		1976	54·5
		1977	57·4
		1978	59·0
		1979	60·0
		1980	60·1
		1981	60·5

* Excluding bicycle tyres.

Sources: *Nar. Khoz. 1959*, 206; *1964*, 180; *1968*, 253; *1970*, 203; *1975*, 254; *1980*, 163
Promyshlennost' SSSR (1957), 199
Pravda (24 January 1982)

31. MACHINERY AND METALWORKING

(index of gross output)

	Machinery and metalworking		Machinery and metalworking	of which, machinery
1913	100	1940	100	100
1928	175	1945	129	131
1929	238	1946	85	80
1930	387	1950	215	235
1931	588	1951	252	282
1932	699(732)*	1952	292	329
1933	804	1953	339	395
1934	1011	1954	393	469
1935	1307	1955	466	568
1937	1977	1956	530	662
1940	2963	1957	600	770
		1958	683	882
		1959	786	1020
		1960	904	1183
		1961	1039	1373
		1962	1197	1591
		1963	1353	1807
		1964	1482	1973
		1965	1622	2164
		1966	1814	2439
		1967	2037	2752
		1968	2279	3084
		1969	2546	3451
		1970	2831	3838

31. MACHINERY AND METALWORKING (continued)

(index of gross output) (continued)

	Machinery and metalworking	of which, machinery
1970	**100**	**100**
1971	111	112
1972	124	125
1973	139	141
1974	155	158
1975	173	177
1976	189	195
1977	206	213
1978	224	233
1979	241	252
1980	256	268
1981	271†	

† Calculated from percentage increase in source
* Different sources give slightly different figures.

Sources: *Nar. Khoz. 1970*, 204; *1975*, 256; *1980*, 164
        Promyshlennost' SSSR (1964), 245
        Sots. Stroi (1936), xxii-xxiii (indices for 1929–34 calculated from figures in this volume)
        Pravda (24 January 1982)

32. MACHINE TOOLS

(metal-cutting lathes)
Production (*000*)

1913	1·5[x]	1950	70·6
	1·8[y]	1951	71·2
1917	0·2	1952	74·6
		1953	91·8
1928	2·0	1954	102·4
1929	4·3		
1930	8·0	1955	117·1
1931	18·2	1956	124·0
1932	19·7	1957	131·0
1933	21·0	1958	138·3
1934	25·4	1959	147·6
1935	33·9	1960	155·9
1936	44·4	1961	165·8
1937	48·5	1962	176·8
1938	55·3	1963	182·7
1939	55·0	1964	184·4
1940	58·4	1965	186·1
		1966	192·2
1945	38·4	1967	197·0
1946	40·3	1968	200·8
1947	50·4	1969	205·3
1948	64·5		
1949	64·9	1970	202·3
		1971	207
		1972	211
		1973	214
		1974	226
		1975	231
		1976	233
		1977	238
		1978	238
		1979	230
		1980	216

Sources: *Nar. Khoz. 1969*, 220; *1970*, 209; *1975*, 259; *1980*, 166
Promyshlennost' SSSR (1964), 255
SSSR i Zarubezhnye strany: stat. sbor. (1970), 44

33. TURBINES

	all turbines (steam, gas and water)		of which, water turbines			all turbines (steam, gas and water)		of which, water turbines	
	units	capacity (000 kw)	units	capacity (000 kw)		units	capacity (000 kw)	units	capacity (000 kw)
1913	—	5·9	0	0	1950	1622	2704·0	1342	314·9
1928	47	44·1	30	8·4	1951	1065	3149·6	550	478·2
1929			55	11·6	1952	649	3452·4	157	571·5
1930	56	250·5	40	28·5	1953	986	4759·4	135	718·9
1931	57	298·5	22	42·8	1954	1005	5468·5	193	1261·7
1932			27	59·5	1955	556	5571·2	182	1491·9
1933	77	687·4	36	52·9	1956	461	5862·2		1580·6
1934			25	72·9	1957	457	5382·1		1308·4
1935			55	52·9	1958	474	6646·6		1225·7
1936			89	74·1	1959	504	7594·1		1412·1
1937	112	1156·1	59	88·3	1960	487	9199·9		1737·8
1938	132	1187·6	69	52·5	1961	373	10,732·2		2347·3
1939	133	1521·6	45	144·8	1962	324	11,899·5		2558·8
1940	146	1179·5	89	207·7	1963	349	11,871·6		1750·3
1945	422	229·9	414	40·6	1964	351	13,257		
1946	1795	441·9	1788	196·7					
1947	1717	941·5	1696	323·9					
1948	1414	1059·9	1386	336·3					
1949	1393	1581·9	1332	339·9					

33. TURBINES (continued)

	all turbines (steam, gas and water)			all turbines (steam, gas and water)	
	units	capacity (000 kw)		units	capacity (000 kw)
1965	342	14,625	1972	318	14,642
1966	332	15,172	1973	345	15,143
1967	321	14,684	1974	384	17,271
1968	327	15,746	1975	378	18,886
1969	306	15,004	1976	500	19,600
1970	326	16,191	1977	500	19,000
1971	343	16,800	1978	500	18,300
			1979	500	20,000
			1980	500	20,300
			1981	—	15,600

Sources: *Nar. Khoz. 1969*, 219; *1970*, 207; *1975*, 257; *1980*, 165
Pravda (24 January 1982)
Promyshlennost' SSSR (1957), 217; (1964), 252
Sots. Stroi. (1935), 38

34. FORGING AND PRESSING MACHINES*

Production (*units*)

1932	1125	1955	17,117
1937	3125	1956	19,620
1938	4183	1957	22,950
1939	4989	1958	26,163
		1959	29,276
1940	4668		
		1960	29,933
1945	2871	1961	30,520
1946	3386	1962	33,434
1947	4622	1963	34,221
1948	6880	1964	34,497
1949	5917		
		1965	34,637
1950	7684	1966	38,412
1951	9270	1967	41,126
1952	9603	1968	42,128
1953	11,200	1969	42,658
1954	13,544		
		1970	41,268
		1971	42,300
		1972	44,000
		1973	46,500
		1974	48,900
		1975	50,500
		1976	51,900
		1977	54,400
		1978	55,500
		1979	56,300
		1980	57,200

* Excluding hand machines.

Sources: *Nar. Khoz. 1970*, 209; *1975*, 259; *1980*, 166
Promyshlennost' SSSR (1964), 256–7

35. MOTOR VEHICLES
Production (*000 units*)

	Total	Lorries	Cars	Buses
1924	0·010			
1925	0·116			
1926	0·366			
1927	0·478			
1928	0·841	0·791*	0·05	—
1929	1·7	1·6*		—
1930	4·2	4·1*		—
1931	4·0	4·0*	—	—
1932	23·9	23·7	0·034	0·1
1933	49·7	39·5*	10·3	—
1934	72·4	55·3*	17·1	—
1935	96·7	77·7*	19·0	—
1936	136·5	132·8*	3·7	—
1937	199·9	180·3	18·3	1·3
1938	211·1	184·1*	27·0	—
1939	201·7	182·0*	19·6	—
1940	145·5	136·0	5·5	3·9
1945	74·7	68·5	5·0	1·1
1946	102·2	94·6	6·3	1·3
1947	133·0	123·3*	9·6	—
1948	197·1	176·9*	20·2	—
1949	276·0	230·3*	45·7	—
1950	362·9	294·4	64·6	3·9
1951	288·7	235·0*	53·6	—
1952	307·9	248·3*	59·7	—
1953	354·2	276·8*	77·4	—
1954	403·9	309·1*	94·7	—
1955	445·3	328·0	107·8	9·4
1956	464·6	366·8*	97·8	—
1957	495·4	381·8*	113·6	—
1958	511·1	374·9	122·2	14·0
1959	495·0	351·4	124·5	19·1

* Including buses, not available separately.

35. MOTOR VEHICLES (continued)
Production (*000 units*)

	Total	Lorries	Cars	Buses
1960	523·6	362·0	138·8	22·8
1961	555·3	381·6	148·9	24·8
1962	577·5	382·4	165·9	29·2
1963	587·0	382·2	173·1	31·7
1964	603·1	385·0	185·2	32·9
1965	616·3	379·6	201·2	35·5
1966	675·2	407·6	230·3	37·3
1967	728·8	437·4	251·4	40·0
1968	800·8	478·1	280·3	42·4
1969	844·2	504·5	293·6	46·1
1970	916·1	524·5	344·2	47·4
1971	1142·6	564·3	529·0	49·3
1972	1378·8	596·8	730·1	51·9
1973	1602·2	629·5	916·7	56·0
1974	1846	666	1119	61·0
1975	1964	696	1201	67·0
1976	2025	716	1239	70·1
1977	2088	734	1280	74·6
1978	2151	762	1312	77·4
1979	2173	780	1314	79·2
1980	2199	787	1327	85·3
1981	2197	786·6	1324	86·9

Sources: *Nar. Khoz. 1959*, 216; *1965*, 200; *1968*, 261; *1970*, 217; *1975*, 265; *1980*, 171
Pravda (24 January 1982)
Promyshlennost' SSSR (1964), 278

36. TRACTORS

	000 units	000 15 HP units*		000 units	000 15 HP units
1923	(2 tractors)		1955	163·4	314·0
1924	(11 tractors)		1956	183·5	352·1
1925	0·6	0·4	1957	203·8	384·0
1926	0·9	0·6	1958	219·7	415·3
1927	0·9	0·6	1959	213·5	418·2
1928	1·3	1·8	1960	238·5	475·4
1929	3·3	3·6	1961	263·6	548·9
1930	9·1	9·1	1962	287·0	606·9
1931	37·9	35·1	1963	325·3	683·5
1932	48·9	50·8	1964	329·0	720·5
1933	73·7	79·9	1965	354·5	803·8
1934	94·0	118·1	1966	382·5	879·3
1935	112·6	155·5	1967	405·1	951·5
1936	112·9	173·6	1968	423·4	1006
1937	51·0	77·2	1969	441·7	1111
1938	49·2	93·4			
1939	48·1	88·8		*Total* HP (*millions*)	
			1970	459	29·4
1940	31·6	66·2	1971	472	31·3
1945	7·7	14·7	1972	478	33·4
1946	13·3	28·4	1973	500	36·3
1947	27·8	65·4	1974	531	39·8
1948	56·9	144·2	1975	550	41·4
1949	93·3	195·9	1976	562	44·0
1950	116·7	246·1	1977	569	45·4
1951	93·1	207·2	1978	576	47·0
1952	98·9	219·3	1979	557	46·6
1953	111·3	245·8	1980	555	47·0
1954	135·4	274·3	1981	—	47·9

* A theoretical figure which represents the number of tractors of 15 HP each corresponding to the total horsepower of the tractors actually produced. Thus if this figure is less than the actual number of tractors produced, their average HP is below 15 (as in 1925–7); when the 15 HP units figure is substantially larger than the actual number produced, the average HP is considerably greater than 15.

Sources: *Nar. Khoz. 1970*, 218; *1975*, 266; *1980*, 171
       Pravda (24 January 1982)
       Promyshlennost' SSSR (1964), 279

37. GRAIN COMBINE HARVESTERS

Production (*000 units*)

Year	Value	Year	Value
1928	—	1955	48·
1930	0·1	1956	81·
1931	3·55	1957	131·
1932	10·0	1958	65·
1933	8·58	1959	54·
1934	8·24		
		1960	59·
1935	20·2	1961	76·
1937	43·9	1962	79·
		1963	82·
1940	12·8	1964	83·
1945	0·3	1965	85·
		1966	92·
1950	46·3	1967	101·
1951	53·3	1968	101·
1952	42·2	1969	94·
1953	43·1		
1954	38·6	1970	99·
		1971	102
		1972	95·
		1973	84·
		1974	88·
		1975	97·
		1976	102
		1977	106
		1978	113
		1979	115
		1980	117
		1981	106

Sources: *Nar. Khoz. 1958*, 244; *1959*, 218; *1964*, 188; *1968*, 263; *1969*, *1970*, 219; *1975*, 267; *1980*, 172
Pravda, (24 January 1982)
Promyshlennost' SSSR (1957), 230–1; (1964), 280–1
Sots. Stroi. (1936), 162

38. TIMBER

(*m. cubic metres*)

	Total	Commercial*		Total	Commercial*
1913	67·0^y	30·5^y	1950	266·0	161·0
	60·6^x	27·2^x	1951	296·7	184·5
1928	61·7	36·0	1952	291·4	184·6
1929	95·5	60·0	1953	292·1	179·9
			1954	328·9	205·8
1930	147·2	96·7			
1931	159·8	104·1	1955	333·9	212·1
1932	164·7	99·4	1956	342·3	222·1
1933	173·3	98·0	1957	361·4	237·8
1934	181·3	99·7	1958	375·0	250·9
			1959	397·8	270·1
1935	210·1	117·0			
1936	221·9	128·1	1960	369·5	261·5
1937	209·0	114·2	1961	351·0	253·3
1938	223·1	114·7	1962	352·7	255·7
1939	264·1	126·1	1963	369·6	267·3
			1964	385·3	276·9
1940	246·1	117·9			
			1965	378·1	273·6
1945	168·4	61·6	1966	373·5	271·7
1946	185·5	80·3	1967	383·0	286·9
1947	201·9	99·0	1968	380·4	289·9
1948	249·7	132·4	1969	374·2	286·3
1949	269·0	151·3			
			1970	385·0	298·5
			1971	384·7	298·3
			1972	382·9	297·6
			1973	387·8	304·3
			1974	388·5	303·7
			1975	395·1	312·9
			1976	384·5	302·1
			1977	376·7	296·0
			1978	361·4	283·6
			1979	354·0	273·0
			1980	356·6	277·7
			1981	—	274

* 'Total' timber produced includes firewood—'commercial' excludes this.
Sources: *Nar. Khoz. 1970*, 222; *1975*, 270; *1980*, 175
      Pravda (24 January 1982)

39. CELLULOSE, PAPER AND CARDBOARD

Production (*000 tons*)

	Cellulose	Paper	Cardboard
1913	257·6[y]	269·2[y]	40·8[y]
	40·7[x]	197·0[x]	29·4[x]
1917		155	
1921		32·2	1·94
1922		40·2	3·67
1923		62·1	11·8
1924		120·0	16·6
1925	55·0	211·0	23·5
1926	68·0	254·0	33·0
1927	75·6	268·0	44·5
1928	86·0	284·5	47·1
1929	126·1	384·9	62·5
1930	172·0	495·3	77·0
1931	185·0	505·2	62·0
1932	185·2	471·2	73·0
1933	206·3	506·1	79·0
1934	239·0	565·8	91·5
1935	271·2	640·8	107·8
1936	371·9	763·5	133·2
1937	425·6	831·6	144·2
1938	440·6	832·8	149·2
1939	463·5	799·8	159·0
1940	528·8	812·4	150·8
1945	275·9	321·1	55·7
1946	328·4	516·7	97·5
1947	507·9	647·5	140·8
1948	689·4	778·6	180·5
1949	946·7	995·4	232·1

39. CELLULOSE, PAPER AND CARDBOARD (continued)

Production (*000 tons*) (continued)

	Cellulose	Paper	Cardboard
1950	1099·8	1180·3	304·8
1951	1261·0	1341·7	333·9
1952	1407·8	1461·2	383·7
1953	1559·0	1611·6	442·5
1954	1680·5	1769·2	499·3
1955	1741·5	1847·8	559·8
1956	1845·1	1993·5	587·7
1957	1967·0	2125·7	656·6
1958	2092·7	2235·9	720·5
1959	2186·9	2326·5	764·2
1960	2281·6	2333·7	893·1
1961	2415·0	2494·1	951·4
1962	2595·3	2664·8	1003·3
1963	2757·7	2760·2	1092·9
1964	2933·1	2899·6	1220·4
1965	3234·3	3230·7	1449·0
1966	3598·8	3568·1	1662·1
1967	4031·1	3800·7	1875·8
1968	4341·0	3954·9	2014·5
1969	4615·4	4046·2	2238·0
1970	5110	4185	2516
1971	5412	4407	2679

39. CELLULOSE, PAPER AND CARDBOARD (continued)

Production (*000 tons*) (continued)

	Cellulose	Paper	Cardboard
1972	5684	4613	2811
1973	6070	4908	2982
1974	6340	5040	3158
1975	6815	5215	3368
1976	7204	5389	3527
1977	7448	5459	3605
1978	7581	5548	3688
1979	7047	5249	3480
1980	7123	5288	3445
1981		5.4 million	

Sources: *Nar. Khoz. 1932*, 8–9; *1970*, 227; *1975*, 275; *1980, 177*
Pravda (24 January 1982)
Promyshlennost' SSSR (1964), 302
SSSR i Zarubezhnye strany: stat. sbor., 45

40. CEMENT

(*m. tons*)

1913	1·777[x]	1950	10·194
	1·520[x]	1951	12·070
1917	0·963	1952	13·910
		1953	15·961
1920	0·036	1954	18·992
1921	0·064		
1922	0·142	1955	22·484
1923	0·271	1956	24·858
1924	0·392	1957	28·896
		1958	33·308
1925	0·872	1959	38·781
1926	1·403		
1927	1·574	1960	45·520
1928	1·850	1961	50·964
1929	2·232	1962	57·328
		1963	61·018
1930	3·006	1964	64·934
1931	3·336		
1932	3·478	1965	72·388
1933	2·709	1966	80·013
1934	3·536	1967	84·809
		1968	87·512
1935	4·488	1969	89·740
1936	5·872		
1937	5·454	1970	95·248
1938	5·688	1971	100·331
1939	5·197	1972	104·299
		1973	109·521
1940	5·675	1974	115·145
1945	1·845		
1946	3·373	1975	122·057
1947	4·718	1976	124·246
1948	6·455	1977	127·056
1949	8·147	1978	126·956
		1979	123·019
		1980	125·049
		1981	127

Sources: *Nar. Khoz. 1970*, 230; *1975*, 277; *1980*, 178
   Promyshlennost' SSSR (1964), 318
   Pravda (24 January 1982)

41. FABRICS

(*m. square metres*)*

	Total†	*Cotton*	*Wool*	*Linen*	*Silk*	*Jute*
1913	2124^x	1756^x	132^x	120^x	35^{xy}	81^{xy}
	2192^y	1817^y	138^y	121^y		
1917	1212	952 (1400)	90 (70)	97 (97)	15 (18)	58
1918	[(1132)]	(991)	(61)	(80)		
1919	[(219)]	(153)	(24)	(42)	(0·6)	
1920	[(165)]	(120)	(18)	(27)	(0·4)	
1921	[(22)]	(157)	(14)	(30)	(0·7)	
1922	[(557)]	(434)	(29)	(91)	(2·5)	
1923	[(852)]	(719)	(36)	(93)	(4·2)	
1924	[(1194)]	(1032)	(41)	(118)	(2·6)	
1925	[(1896)]	(1698)	(58)	(137)	(2·5)	
1926	[(2577)]	(2313)	(75)	(183)	(6)	
1927	[(2683)]	(2397)	(95)	(184)	(7)	
1928	2198	1821 (2678)	112 (87)	117 (174)	8 (9)	80
1929	[2357]	2037	129	180	11	
1930	[1947]	1599	147	186	15	
1931	[1820]	1525	139	140	16	
1932	2164	1832	114	136	18	64
1933	[2134]	1858	111	143	22	
1934	[2155]	1869	100	160	26	
1935	[2166]	1816	108	210	32	
1936	[2709]	2253	130	283	43	
1937	3013	2431	139	274	49	120
1938	[2901]	2457	144	251	49	
1939	[3109]	2649	155	246	59	
1940	3299	2704	152	268	64	111

* Figures in round brackets for 1917–28 are in linear metres.
† Totals in square brackets exclude jute.

41. FABRICS (continued)

(*m. square metres*)

	Total†	Cotton	Wool	Linen	Silk	Jute
1945	1353	1149	65	98	29	12
1946	1590	1338	87	105	39	21
1947	[2075]	1774	118	130	53	
1948	[2588]	2211	151	159	67	
1949	[3009]	2531	184	208	86	
1950	3374	2745	193	257	106	73
1951	[3982]	3337	222	281	142	
1952	[4198]	3551	240	227	180	
1953	[4582]	3752	262	256	312	
1954	[4949]	3985	305	255	404	
1955	5347	4227	316	272	415	117
1956	[5266]	3972	339	353	602	
1957	[5496]	4095	359	388	654	
1958	[5823]	4308	385	440	690	
1959	[6178]	4615	415	485	663	
1960	6636	4838	439	516	675	168
1961	6650	4875	454	493	682	146
1962	6811	4914	469	485	787	156
1963	7011	5071	471	509	801	159
1964	7377	5366	472	544	832	163
1965	7498	5499	466	548	801	158
1966	7863	5703	510	592	869	153
1967	8244	5916	547	642	938	150
1968	8531	6116	585	676	950	143
1969	8726	6208	618	674	1026	133
1970	8852	6152	643	707	1146	126
1971	9242	6397	675	760	1190	133
1972	9384	6421	681	775	1270	137
1973	9677	6578	703	796	1345	140
1974	9831	6624	724	796	1413	142
1975	9956	6634	740	779	1508	143
1976	10,280	6779	764	807	1599	153
1977	10,407	6811	773	817	1648	153
1978	10,654	6967	781	830	1695	152
1979	10,655	6977	774	768	1724	147
1980	10,746	7068	762	687	1769	133
1981	11·0 mlrd.					

† Totals in square brackets exclude jute.

Sources: *Nar. Khoz. 1970*, 239; *1975*, 284; *1980*, 183
        Pravda (24 January 1982)
        Promyshlennost' SSSR (1964), 364
        SSSR i Zarubezhnye strany: stat. sbor., 50–1

42. KNITWEAR

Production (*m. units*)

	Total	Outer	Under		Total	Outer	Under
1928	8·3	1·4	6·9	1955	432	85·2	346·5
1932	39	11·7	27·3	1956	434	85·4	348·5
1933	53	17·2	36·1	1957	465	90·2	374·7
1934	76	22·4	53·7	1958	497	97·2	399·3
				1959	543	103·9	438·6
1935	89	26·0	63·2				
1936	122	35·9	85·9	1960	584	111·6	472·3
1937	157	45·1	111·5	1961	606	117·8	487·7
1938	169	54·0	114·9	1962	644	124·9	519·4
1939	171	53·7	117·0	1963	687	132·9	554·5
1940	183	58·6	124·4	1964	793	153·4	639·8
1945	50	23·4	26·6	1965	906	187·9	718·3
1946	76	30·4	46·0	1966	992	222·1	770·4
1947	100	38·9	61·3	1967	1067	255·4	811·8
1948	127	42·9	84·3	1968	1128	302·7	825·0
1949	164	45·1	118·6	1969	1185	363·4	821·6
1950	198	47·1	150·4	1970	1229	415	814
1951	257	58·9	198·3	1971	1274	446	828
1952	298	63·5	234·9	1972	1294	451	843
1953	341	66·0	274·7	1973	1360	460	900
1954	403	75·5	327·1	1974	1389	469	920
				1975	1420	466	955
				1976	1462	472	990
				1977	1512	474	1038
				1978	1554	474	1080
				1979	1589	478	1111
				1980	1593	479	1114
				1981	1.6 mlrd.		

Sources: *Nar. Khoz. 1964*, 220–1; *1969*, 254; *1970*, 243–4; *1975*, 288–9; *1980*, 185, 186
Pravda (24 January 1982)
Promyshlennost' SSSR (1964), 384

43. FOOTWEAR (LEATHER)

Production (*m. pairs*)

1913	68[y]		1950	203·0
	60[x]		1951	239·2
1917	50		1952	237·0
			1953	238·1
1921		(3·4)*	1954	255·2
1922		(3·4)		
1923		(4·5)	1955	271·2
1924		(5·1)	1956	287·0
			1957	317·3
1925		(9·1)	1958	356·4
1926		(12·0)	1959	389·9
1927		(18·9)		
1928	58·0	(24·4)	1960	419·3
1929	77·0	(39·3)	1961	443·2
			1962	456·3
1930	75·4	(61·1)	1963	462·7
1931	86·7		1964	474·7
1932	86·9			
1933	90·3		1965	486·0
1934	85·4		1966	522·2
			1967	561·3
1935	103·6		1968	597·6
1936	143·2		1969	635·8
1937	182·9			
1938	192·9		1970	679
1939	205·7		1971	682
1940	211·0		1972	647
			1973	666
1945	63·1		1974	684
1946	81·2			
1947	112·8		1975	698
1948	134·0		1976	724
1949	163·6		1977	736
			1978	740
			1979	740
			1980	744
			1981	739

* Figures in brackets relate to large-scale industry only.

Sources: *Nar. Khoz. 1932*, 8–9; *1969*, 256; *1970*, 245; *1975*, 290; *1980*, 187
       Pravda (24 January 1982)

44. FURNITURE

(*m. rubles*)

Year	Value	Year	Value
1940	—	1965	1828
1950	—	1966	1997
1952	288	1967	2201/2171*
1953	331	1968	2423/2390*
1954	425	1969	2559
1955	491	1970	2790
1956	528	1971	3050
1957	613	1972	3322
1958	755	1973	3644
1959	942	1974	3947
1960	1116	1975	4256/4119[†]
1961	1292	1976	4356
1962	1453	1977	4640
1963	1598	1978	4923
1964	1696	1979	5073
		1980	5352

* First figure in 1955 prices; second figure in 1967 prices. (Up to 1966 figures are in 1955 prices; from 1969 to 1974 in 1967 prices.)

† First figure in 1967 prices; second figure in 1975 prices: figures for subsequent years in 1975 prices.

Sources: *Nar. Khoz. 1964*, 225; *1968*, 300; *1970*, 252, *1975*, 295; *1980*, 191
Promyshlennost' SSSR (1964), 411

45. WASHING MACHINES

	(units)		(m. units)
1940	—	1965	3·43
1948	—	1966	3·87
1949	10	1967	4·32
		1968	4·70
1950	300	1969	5·15
	(000 units)	1970	5·243
1951	1·9	1971	4·052
1952	4·3	1972	3·001
1953	3·5	1973	2·987
1954	45·7	1974	3·075
1955	87·0	1975	3·286
1956	181·9	1976	3·510
1957	338·0	1977	3·647
1958	463·7	1978	3·697
1959	647·8	1979	3·661
1960	895·5	1980	3·826
	(m. units)	1981	3·9
1961	1·29		
1962	1·80		
1963	2·28		
1964	2·86		

Sources: *Nar. Khoz. 1964*, 224; *1968*, 198–9; *1969*, 263; *1970*, 251; *1975*, 294; *1980*, 191
Pravda (24 January 1982)
Promyshlennost' SSSR (1964), 408

46. REFRIGERATORS

	(units)		(m. units)
1940	3500	1964	1·13
1945	300	1965	1·68
1946	—	1966	2·21
1947	—	1967	2·70
1948	300	1968	3·16
1949	1800	1969	3·70
1950	1200	1970	4·140
1951	15,000	1971	4·557
1952	31,100	1972	5·030
1953	49,200	1973	5·423
1954	94,000	1974	5·426
	(000 units)	1975	5·579
1955	151·4	1976	5·827
1956	224·0	1977	5·798
1957	308·9	1978	6·069
1958	359·6	1979	5·953
1959	426·1	1980	5·925
1960	529·5	1981	5·9
1961	686·5		
1962	837·8		
1963	910·6		

Sources: *Nar. Khoz. 1964*, 224; *1968*, 198–9, 299; *1969*, 263; *1970*, 251; *1975*, 294; *1980*, 191
Pravda (24 January 1982)
Promyshlennost' SSSR (1964), 408

47. VACUUM CLEANERS

(000 units)

1940	—	1962	625·5
1945	1·1	1963	726·7
1946	0·6	1964	764·5
1947	0·2	1965	800
1948	0·5	1966	899
1949	2·0	1967	1097
1950	6·1	1968	1230
1951	15·3	1969	1359
1952	22·5	1970	1509
1953	45·5	1971	1738
1954	131·6	1972	2168
1955	130·9	1973	2658
1956	174·7	1974	3319
1957	261·7	1975	2920
1958	245·2	1976	2661
1959	367·5	1977	2748
1960	500·8	1978	2925
1961	535·9	1979	3098
		1980	3022

Sources: *Nar. Khoz. 1964*, 224; *1968*, 198–9, 299; *1969*, 263; *1970*, 251;
1975, 294; *1980*, 191
Promyshlennost' SSSR (1964), 408

48. TELEVISION SETS
Production

	(units)
1939	10
1940	300
1945	—
1946	—
1947	200
1948	4200
1949	1800

	(000 units)
1950	11·9
1951	25·3
1952	37·4
1953	84·1
1954	254·3
1955	494·7
1956	596·2
1957	707·8
1958	979·4

	(m. units)
1959	1·28
1960	1·73
1961	1·95
1962	2·17
1963	2·47
1964	2·93
1965	3·66
1966	4·42
1967	4·96
1968	5·74
1969	6·60

48. TELEVISION SETS (continued)
Production (continued)

		Colour sets (*000 units*)
1970	6·682	46
1971	5·817	59
1972	5·980	77
1973	6·271	166
1974	6·569	406
1975	6·960	589
1976	7·063	805
1977	7·073	1112
1978	7·165	1431
1979	7·271	1814
1980	7·528	2262
1981	8·2	2·7 million

Sources: *Nar. Khoz. 1964*, 224; *1968*, 198–9, 299; *1969*, 263; *1970*, 251; *1975*, 294; *1980*, 191
Pravda (24 January 1982)
Promyshlennost' SSSR (1964), 407

49. RADIOS AND RADIOGRAMS

(000 units)		(m. units)	
1928	—	1950	1·07
1932	29·3	1951	1·23
1933	25·7	1952	1·30
1934	50·8	1953	1·64
		1954	2·90
1935	130·1		
1936	322·7	1955	3·55
1937	199·9	1956	3·77
1938	203·2	1957	3·55
1939	180·8	1958	3·90
		1959	4·03
1940	160·5		
		1960	4·17
1945	13·9	1961	4·23
1946	228·6	1962	4·25
1947	380·4	1963	4·80
1948	536·6	1964	4·77
1949	888·0		
		1965	5·16
		1966	5·84
		1967	6·42
		1968	6·98
		1969	7·27
		1970	7·815
		1971	8·794
		1972	8·842
		1973	8·615
		1974	8·753
		1975	8·376
		1976	8·456
		1977	8·652
		1978	8·728
		1979	8·452
		1980	8·478
		1981	8·7

Sources: *Nar. Khoz. 1964*, 224; *1968*, 198–9, 299; *1969*, 263; *1970*, 251; *1975*, 294; *1980*, 191
Pravda (24 January 1982)
Promyshlennost' SSSR (1964), 407

50. CAMERAS

(000 units)

Year	Units		Year	Units
1930	3·0		1950	260·6
1931	23·0		1951	357·5
1932	29·6		1952	459·4
1933	115·4		1953	499·5
1934	168·6		1954	768·7
1935	151·9		1955	1023
1936	256·8		1956	1196
1937	353·2		1957	1323
1938	335·9		1958	1473
1939	478·6		1959	1616
1940	355·2		1960	1764
1945	0·01		1961	1398
1946	5·7		1962	1339
1947	91·5		1963	1431
1948	156·4		1964	1166
1949	166·2		1965	1053
			1966	1420
			1967	1588
			1968	1841
			1969	1961
			1970	2045
			1971	2216
			1972	2384
			1973	2573
			1974	2600
			1975	3031
			1976	3245
			1977	3567
			1978	3852
			1979	4055
			1980	4255

Sources: *Nar. Khoz. 1964*, 224; *1967*, 305; *1969*, 263 *1970*, 251; *1975*, 294; *1980*, 191
Promyshlennost' SSSR (1964), 409

51. SEWING MACHINES
(*000 units*)

1913	271·8	1955	1611
1928	285·6	1956	1914
		1957	2267
1932	318·8	1958	2686
1937	510·1	1959	2941
1940	175·2	1960	3096
1945	—	1961	3292
1946	16·0	1962	3341
1947	125·0	1963	2602
1948	309·2	1964	1564
1949	413·9		
		1965	800
1950	501·7	1966	1025
1951	668·0	1967	1198
1952	804·5	1968	1300
1953	993·2	1969	1324
1954	1281		
		1970	1400
		1971	1408
		1972	1439
		1973	1400
		1974	1366
		1975	1360
		1976	1358
		1977	1360
		1978	1355
		1979	1317
		1980	1323

Sources: *Nar. Khoz. 1964*, 224; *1967*, 305; *1968*, 198–9, 299; *1969*, 263; *1970*, 251; *1975*, 294; *1980*, 191
Promyshlennost' SSSR (1964), 408

52. CLOCKS AND WATCHES
(*m. units*)

	Total	of which, wrist watches		Total	of which, wrist watches
1913	0·7	—	1955	19·7	8·03
1917	0·7	—	1956	22·6	10·5
			1957	23·5	13·2
1928	0·9	—	1958	24·8	15·1
1929		—	1959	26·2	16·2
1930	0·233	—	1960	26·0	16·3
1931	2·99	—	1961	26·0	15·2
1932	3·56	—	1962	26·1	14·7
1933	4·09	—	1963	27·1	14·5
1934	4·37	—	1964	28·7	14·6
1935	4·50	—	1965	30·6	14·8
1936	4·94	—	1966	32·4	16·1
1937	4·03	—	1967	34·4	17·8
1938	3·54	0·005	1968	36·3	19·1
1939	2·98	0·149	1969	38·0	20·5
1940	2·80	0·210	1970	40·2	21·7
1945	0·336	0·066	1971	42·1	23·3
1946	0·567	0·088	1972	44·1	24·6
1947	1·24	0·156	1973	47·5	26·6
1948	3·04	0·518	1974	50·6	28·9
1949	5·93	1·09	1975	55·1	31·3
1950	7·57	1·53	1976	57·9	33·3
1951	9·65	2·28	1977	60·8	35·3
1952	10·5	2·92	1978	63·3	37·0
1953	12·8	4·20	1979	64·9	38·5
1954	16·4	5·59	1980	66·7	39.6
			1981	68·6	—

Sources: *Nar. Khoz. 1964*, 224; *1968*, 196–7, 299; *1969*, 263; *1970*, 251; *1975*, 294; *1980*, 191
Pravda (24 January 1982)
Promyshlennost' SSSR (1964), 406

53. MOTORCYCLES

(including scooters)

(*000* units)

Year	Units	Year	Units
1913	0·1	1955	245
1928	—	1956	297
		1957	337
1932	0·1	1958	400
1937	13·1	1959	500
1940	6·8	1960	553
1945	4·7	1961	588
1946	6·1	1962	621
1947	30	1963	647
1948	68	1964	687
1949	92	1965	721
1950	123	1966	753
1951	125	1967	284
1952	104	1968	802
1953	143	1969	808
1954	206	1970	833
		1971	872
		1972	898
		1973	932
		1974	960
		1975	1029
		1976	1060
		1977	1090
		1978	1099
		1979	1078
		1980	1090
		1981	1·1 million

Sources: *Nar. Khoz. 1964*, 224; *1968*, 198–9; *1970*, 251; *1975*, 294; *1980*, 191
Pravda (24 January 1982)
Promyshlennost' SSSR (1964), 410

54. FISH

Annual catch (*000 tons*)

1913	1018[x]	1950	1755
	1051[y]	1951	2142
1917	893	1952	2107
		1953	2195
1919	170	1954	2505
1920	257	1955	2737
1921	298	1956	2849
1922	483	1957	2761
1923	499	1958	2936
1924	535	1959	3075
1925	721	1960	3541
1926	897	1961	3724
1927	747	1962	4168
1928	840	1963	4681
1929	956	1964	5171
1930	1283	1965	5774
1931	1441	1966	6093
1932	1333	1967	6538
1933	1303	1968	6784
1934	1547	1969	7082
1935	1520	1970	7828
1936	1631	1971	7785
1937	1609	1972	8209
1938	1542	1973	9005
1939	1566	1974	9622
1940	1404	1975	10,357
1945	1125	1976	10,478
1946	1208	1977	9651
1947	1534	1978	9230
1948	1575	1979	9359
1949	1953	1980	9526

Sources: *Nar. Khoz. 1970*, 257; *1975*, 300; *1980*, 194
Promyshlennost' SSSR (1964), 437
SSSR i Zarubezhnye Strany: stat. sbor., 51

55. PRESERVES

(*m. standard tins*)

1913	95[x]	1950	1535
	116[y]	1951	1848
1928	125	1952	2064
1929	240	1953	2358
		1954	2741
1930	320		
1931	420	1955	3217
1932	692	1956	3601
1933	619	1957	3794
1934	722	1958	4073
		1959	4363
1935	808		
1936	1002	1960	4864
1937	982	1961	5551
1938	1104	1962	5914
1939	1148	1963	6470
		1964	7452
1940	1113		
		1965	7078
1945	558	1966	7541
1946	583	1967	8908
1947	669	1968	9548
1948	868	1969	9660
1949	1162		
		1970	10,678
		1971	11,304
		1972	12,057
		1973	13,037
		1974	14,155
		1975	14,565
		1976	14,518
		1977	15,052
		1978	14,998
		1979	16,148
		1980	15,268
		1981	15·9 mlrd.

Sources: *Nar. Khoz. 1970*, 260; *1975*, 304; *1980*, 197;
     Pravda (24 January 1982)
     Promyshlennost' SSSR (1964), 447

III. AGRICULTURE

56. SOWN AREA†

1. Crop structure

(m. hectares)

	Total	Grain*	Wheat	Rye	Barley	Oats	Grain* Maize
1913	105·0[x]	94·4[x]	31·6[x]	25·8[x]	11·5[x]	16·9[x]	1·4[x]
	118·2[y]	104·6[y]	33·0[y]	28·2[y]	12·7[y]	19·1[y]	2·2[y]
1920	97·2	87·0	27·7	23·5	9·4	14·9	1·7
1921	90·3	79·8	23·5	24·0	9·0	12·8	1·8
1922	77·7	66·2	14·4	23·0	4·6	9·5	3·2
1923	91·7	78·6	18·4	27·1	7·6	11·6	2·5
1924	98·1	82·9	22·0	28·1	7·4	12·9	2·5
1925	104·3	87·3	24·9	28·8	6·5	12·8	3·4
1926	110·3	93·7	29·4	28·5	7·4	15·3	3·0
1927	112·4	94·7	31·2	27·3	6·9	17·9	2·7
1928	113·0	92·2	27·7	24·6	7·3	17·2	4·5
1929	118·0	96·0	29·7	24·9	8·1	18·9	3·5
1930	127·2	101·8	33·7	28·0	7·4	17·9	3·7
1931	136·3	104·4	36·9	27·7	6·8	17·5	4·0
1932	134·4	99·7	34·5	25·8	6·8	15·4	3·7
1933	129·7	101·5	33·2	25·4	7·3	16·7	4·0
1934	131·5	104·7	35·2	24·0	8·5	18·0	3·7
1935	132·8	103·4	37·1	23·5	8·7	18·3	3·2
1936	133·8	102·6					
1937	135·3	104·5	41·4	22·7	9·2	17·6	2·8
1938	136·9	102·4	41·5				
1939	133·7	99·9					
1940	150·6	110·7	40·3	23·1	10·5	20·2	3·7

[x] Pre-1939 territory   [y] Present territory (otherwise area for territory of given years)

* See footnote on page 101. This column includes the crops in the next five columns.

† Sown area is the area actually sown when the spring sowing has been completed.

56. SOWN AREA (Continued)

1. Crop structure (continued)
(*m. hectares*)

	Technical Crops*	Cotton	Sugar beet	Potatoes and vegetables	Feed Crops	Feed Maize
1913	4·5^x	0·69^x	0·65^x	3·8^x	2·1^x	—
	4·9^y	0·69^y	0·68^y	5·1^y	3·3^y	—
1920		0·099	0·20	3·7†	—	—
1921		0·099	0·22	3·8†		
1922		0·070	0·18	3·9†		
1923		0·22	0·26	4·3†		
1924		0·45	0·38	4·7†		
1925		0·59	0·53	5·0†		
1926		0·65	0·54	5·2†		
1927		0·80	0·67	5·5†		
1928	8·6	0·97	0·77	7·7	3·9	
1929	8·8	1·06	0·77	7·6	5·0	
1930	10·5	1·58	1·04	8·0	6·5	
1931	14·0	2·14	1·39	9·1	8·8	
1932	14·9	2·17	1·54	9·2	10·6	
1933	12·0	2·05	1·21	8·7	7·3	
1934	10·7	1·94	1·18	8·8	7·1	
1935	10·6	1·95	1·23	9·9	8·6	
1936	10·8			9·8	10·6	
1937	11·2	2·12	1·19	9·0	10·6	
1938	11·0	2·08	1·18	9·4	14·1	
1939	11·1			9·2	13·5	
1940	11·8	2·08	1·23	10·0	18·1	

† Potatoes only.   * These include cotton and sugar beet.

56. SOWN AREA (continued)

1. Crop structure (continued)

(*m. hectares*)

	Total	Grain*	Wheat	Rye	Barley	Oats	Grain* Maize
1945	113·8	85·3	24·9	20·3	10·4	14·4	4·2
1946	114·0	85·9					
1947	119·9	90·9					
1948	133·7	100·9					
1949	139·7	102·6					
1950	146·3	102·9	38·5	23·6	8·6	16·2	4·8
1951	153·0	106·4					
1952	155·7	107·3					
1953	157·2	106·7	48·3	20·3	9·6	15·3	3·5
1954	166·1	112·1	49·3	20·5	10·6	15·9	4·3
1955	185·8	123·5	60·5	19·1	9·8	14·8	6·2
1956	194·7	125·6	62·0	18·4	11·8	15·1	6·6
1957	193·7	122·1	69·0	18·1	9·2	14·0	3·3
1958	195·6	121·5	66·6	17·9	9·7	14·8	4·4
1959	196·3	114·5	63·0	17·1	9·7	14·3	3·5
1960	203·0	115·6	60·4	16·2	12·1	12·8	5·1
1961	204·6	122·3	63·0	16·7	13·4	11·5	7·2
1962	216·0	128·7	67·4	16·9	16·3	6·9	7·0
1963	218·5	130·0	64·6	15·0	20·4	5·7	7·0
1964	212·8	133·3	67·9	16·8	21·7	5·7	5·1
1965	209·1	128·0	70·2	16·0	19·7	6·6	3·2
1966	206·8	124·8	70·0	13·6	19·4	7·2	3·2
1967	206·9	122·2	67·0	12·4	19·1	8·7	3·5
1968	207·0	121·5	67·2	12·2	19·4	9·0	3·4
1969	208·6	122·7	66·4	9·2	22·5	9·3	4·2
1970	206·7	119·3	65·2	10·0	21·3	9·2	3·4
1971	207·3	117·9	64·0	9·5	21·6	9·6	3·3
1972	210·7	120·1	58·5	8·2	27·2	11·4	4·0
1973	215·0	126·7	63·1	7·0	29·4	11·9	4·0
1974	216·5	127·2	59·7	9·8	31·3	11·5	4·0
1975	217·7	127·9	62·0	8·0	32·5	12·1	2·6
1976	217·9	127·8	59·5	9·0	34·3	11·3	3·3
1977	217·7	130·4	62·0	6·7	34·5	13·0	3·4
1978	218·2	128·5	62·9	7·7	32·7	12·1	2·5
1979	217·3	126·4	57·7	6·5	37·0	12·2	2·7
1980	217·3	126·6	61·5	8·6	31·6	11·8	3·0

* Maize fully ripe only is included in grain—all others in fodder. Definitions of these vary from earlier to later volumes (earlier ones put milk wax stage into grain, not feed crops).

56. SOWN AREA (continued)

1. Crop structure (continued)

(*m. hectares*)

	Technical crops	Cotton	Sugar beet	Potatoes and vegetables	Feed crops	Feed* Maize
1945	7·7	1·21	0·83	10·6	10·2	—
1946						
1947						
1948						
1949						
1950	12·2	2·32	1·31	10·5	20·7	—
1951						
1952						
1953	11·5	1·88	1·57	10·3	28·7	
1954	11·8	2·20	1·60	11·0	31·2	
1955	12·3	2·20	1·76	11·4	38·6	11·7
1956	13·1	2·07	2·01	11·6	44·4	17·3
1957	11·8	2·09	2·11	11·9	47·9	15·0
1958	12·3	2·15	2·50	11·6	50·2	15·3
1959	12·4	2·15	2·75	11·6	57·8	18·9
1960	13·1	2·19	3·04	11·2	63·1	23·1
1961	13·6	2·33	3·12	10·8	57·9	18·5
1962	14·3	2·39	3·17	10·7	62·3	30·1
1963	14·9	2·48	3·75	10·5	63·1	27·2
1964	15·5	2·46	4·11	10·6	53·4	22·3
1965	15·3	2·44	3·88	10·6	55·2	20·2
1966	15·1	2·46	3·80	10·3	56·6	19·6
1967	14·8	2·44	3·80	10·3	59·6	19·6
1968	14·6	2·45	3·56	10·2	60·7	19·0
1969	14·4	2·54	3·39	10·0	61·5	18·5
1970	14·5	2·75	3·37	10·1	62·8	18·0
1971	14·3	2·77	3·32	9·9	65·2	17·8
1972	14·4	2·73	3·49	10·1	66·1	17·9
1973	14·7	2·74	3·55	10·2	63·4	16·9
1974	14·7	2·88	3·61	10·2	64·4	17·1
1975	14·1	2·92	3·67	10·1	65·6	17·3
1978	14·6	2·95	3·75	9·2	66·3	18·1
1977	14·7	2·99	3·76	9·2	63·4	15·5
1978	14·7	3·04	3·76	9·3	65·7	16·7
1979	14·4	3·09	3·74	9·2	67·3	16·8
1980	14·6	3·15	3·71	9·2	66·9	16·9

* included in feed crops

Sources: *Nar. Khoz. 1932*, 121, 162–3; *1958*, 386–9; *1961*, 311–12; *1964*, 267–8; *1967*, 348; *1969*, 308; *1970*, 294; *1975*, 347; *1980*, 224–5
Sel. Khoz. (1935), 238, 241, 262, 302, 317; (1960), 127; (1971), 108
Sots. Stroi. Soyuza SSR (1933–8), 95
Sots. Stroi. (1936), 280

56. SOWN AREA (continued)

2. Categories of farm
(*m. hectares*)

	Total	*State farms**	*Collective farms*	*Private plots†*
1913	105·0^x	—	—	—
	118·2^y			
1928	113·0	1·73	1·37	109·89
1929	118·0	2·27	4·15	111·62
1930	127·2	3·93	38·08	85·21
1931	136·3	10·96	78·97	46·35
1932	134·4	13·45	91·53	29·45
1933	129·7	14·14	93·64	21·91
1934	131·5	15·03	98·55	17·81
1935	132·8	16·19	104·51	11·96
1936	133·8			
1937	135·3			
1938	136·9	12·4	117·2	7·3
1939	133·7			
1940	150·63	13·26	117·72	19·65

Sovkhozy and other state farms.
† Other collective farm members, workers, employees and other groups of
  the population.

56. SOWN AREA (continued)

2. Categories of farm (continued)

(*m. hectares*)

	Total	*State farms*	*Collective farms*	*Private pl(*
1945	113·81	11·65	117·72	19·65
1946	114·0			
1947	119·9			
1948	133·7			
1949	139·7			
1950	146·30	15·92	121·01	9·37
1951	153·0			
1952	155·7			
1953	157·17	18·24	132·00	6·93
1954	166·1			
1955	185·85	29·37	149·06	7·42
1956	194·75	35·29	152·15	7·31
1957	193·7	53·97	132·41	7·29
1958	195·6	56·89	131·41	7·35
1959	196·3	58·81	130·27	7·24
1960	202·99	73·22	123·02	6·75
1961	204·62	87·28	110·60	6·73
1962	215·98	94·83	114·42	6·73
1963	218·52	97·81	113·99	6·72
1964	212·80	95·69	110·84	6·27
1965	209·10	97·43	105·07	6·60
1966	206·77	96·83	103·21	6·73
1967	206·84	97·09	102·98	6·77
1968	207·02	97·93	102·32	6·77
1969	208·60	101·51	100·31	6·78
1970	206·65	100·87	99·05	6·73
1971	207·30	103·76	96·86	6·68
1972	210·68	106·39	97·62	6·67
1973	214·98	109·68	98·66	6·64
1974	216·49	111·41	98·44	6·64
1975	217·75	112·88	98·23	6·64
1976	217·93	113·80	98·20	5·93
1977	217·67	115·04	96·70	5·93
1978	218·15	115·70	96·40	6·05
1979	217·29	115·54	95·70	6·05
1980	217·34	115·23	95·20	6·16

Sources: *Nar. Khoz. 1956*, 114; *1961*, 316; *1964*, 272; *1967*, 352; *1969,
1970*, 298; *1975*, 350; *1977*, 225; *1978*, 217, 262; *1979*, 243,
1980, 225
Nar. Khoz. SSSR za 60 let, 302
Sel. Khoz. (1935), 238
Sots. stroi. (1936), 295
Sots. stroi, Soyuza SSR (1933–8), 96

57. STATE FARMS*

	Number	Average total land area (000 hectares)	Cattle	Cows	Pigs	Sheep and goats	Average labour force
				Average livestock numbers			Average labour force
1928	1407						
1929	1536		133		35	783	271
1930	2832						
1931	3383						
1932	4337						
1933	4208		760		428	1355	576
1934	4118						
1935	4118	19·7	648	284	344	1305	371†
1938	3961		939		709	1774	383
1940	4159	12·2	592	229	459	1420	330
1950	4988	12·9	562	170	500	1530	
1953	4857	13·1	701	232	721	2084	380
1954	4874						

* Excluding co-operative farms (*koopkhozy*) (distinct from collective farms—*kolkhozy*) and agricultural enterprises of ORSy (workers' supply organisations).
† Workers only.

57. STATE FARMS (continued)

	Number	Average Total Land Area (000 hectares)	Average Livestock Numbers				Average Labour Force
			Cattle	Cows	Pigs	Sheep and goats	
1955	5134	14·9	652	249	647	2014	409
1956	5098	15·9	741	287	1038	2118	425
1957	5905	24·3	1207	424	1260	3975	543
1958	6002	24·9	1370	472	1355	4401	639
1959	6496	23·5	1633	547	1518	4532	645
1960	7375	26·2	1957	689	1715	4280	745
1961	8281	28·3	2310	799	1886	4664	794
1962	8570	28·3	2447	863	1956	4798	825
1963	9176	28·2	2356	865	827	4873	775
1964	10,078	27·2	2201	803	1144	4378	721
1965	11,681	24·6	2098	782	1073	3975	705
1966	12,189	23·7	2071	742	1049	4060	690
1967	12,783	22·8	2017	719	916	4040	658
1968	13,398	21·9	1927	687	865	3962	635
1969	14,310	21·4	1880	661	939	3499	613
1970	14,994	20·8	1939	696	1107	3567	593
1971	15,502	20·2	1982	672	1200	3598	594
1972	15,747	20·0	1996	709	1143	3586	592
1973	17,300	19·3	1926	664	1123	3483	566
1974	17,717	19·1	1955	670	1156	3577	571
1975	18,064	18·9	1973	670	892	3494	569
1976	19,617	18·1	1890	652	1002	3284	561
1977	20,066	17·8	1905	657	1084	3290	557
1978	20,484	17·6	1905	657	1112	3318	556
1979	20,767	17·4	1898	653	1117	3352	554
1980	21,057	17·2	1906	645	1120	3281	551

Sources: *Nar. Khoz. 1956*, 147; *1961*, 455; *1962*, 352, 359; *1963*, 356. 359; *1964*, 410–11; *1968*, 438–9; *1969*, 285, 413; *1970*, 397–8; *1922–1972*, 275, 276; *1972*, 399, 400; *1973*, 469, 470; *1974*, 443, 444; *1975*, 435; *1978*, 275, 279; *1979*, 300, 301, 304; *1980*, 270, 271, 274
Sel. Khoz. (1935), 191; (1960), 36, 41, 49
Sots. Stroi. (1936), 260–1 (1935 figures calculated from this)
Sots. Stroi. Soyuza SSR (1933–8), 87 (figures for 1929, 1937, 1938 calculated from this)

58. COLLECTIVE FARMS

	Number* (000)	Average land area (000 hectares)	Average livestock† Cattle	Cows	Pigs	Sheep	Average households
1928	33·3	0·096	5	2	2	7‡	13
1929	57·0		7	3	2	12‡	18
1930	85·9		42	16	10	65‡	70
1931	211·1	0·9	39	14	12	58‡	62
1932	211·1		47	14	15	57‡	71
1933	224·5		41	13	13	54‡	90
1934	233·3		42	13	16	61‡	95
1935	245·6						
1938	242·4						78
1940§	235·5	1·4	85	24	35	165	81
1950§	121·4		224	56	98	486	165
1952	94·8	4·0	313	88	166	743	208
1953	91·2	4·2	335	98	230	888	220
1954	87·1		355	115	253	905	224
1955	85·6	4·4	351	123	265	942	231
1956	83·0	4·5	369	135	306	989	238
1957	76·5	4·1	374	137	255	913‡	245
1958	67·7	4·5	463	166	334	1065	275
1959	53·4	5·5	674	233	490	1398	343

* Excluding fishing collectives; number at 1 June from 1928–35.
† In collective, not individual members', ownership.
§ I have been unable to find figures for 1945–9, but the policy of amalgamation started in 1949—so up till then numbers were basically as in 1940.
‡ Including goats.

58. COLLECTIVE FARMS (continued)

	Number* (000)	Average land area (000 hectares)	Average livestock†				Average households
			Cattle	Cows	Pigs	Sheep	
	33·3	0·0	5	2	2	7	13
1960	44·0	6·4	807	286	609	1587	383
1961	40·5	6·2	891	310	729	1624	399
1962	39·7	6·2	954	336	787	1645	404
1963	38·8	6·1	944	349	405	1534	411
1964	37·6	6·0	967	358	581	1390	418
1965	36·3	6·1	1038	371	667	1460	421
1966	36·5	6·0	1072	378	667	1491	417
1967	36·2	6·0	1092	386	599	1516	418
1968	35·6	6·0	1102	391	597	1541	420
1969	34·2	6·0	1156	404	714	1495	427
1970	33·0	6·1	1243	423	880	1611	431
1971	32·3	6·2	1332	426	983	1684	439
1972	31·6	6·2	1388	450	964	1680	443
1973	30·9	6·2	1447	475	1022	1724	449
1974	29·6	6·3	1556	508	1089	1801	463
1975	28·5	6·4	1664	535	844	1813	473
1976	27·3	6·6	1715	566	957	1837	486
1977	26·7	6·6	1755	588	1030	1824	491
1978	26·3	6·7	1788	605	1078	1832	495
1979	26·0	6·6	1843	618	1087	1810	495
1980	25·9	6·6	1844	621	1085	1755	492

Sources: *Nar. Khoz. 1956*, 140–1; *1959*, 423–4; *1960*, 492–3; *1962*, 330–1; *1963*, 341–2; *1964*, 390–1; *1967*, 466–7; *1969*, 285, 398; *1970*, 382–4; *1975*, 414–5; *1979*, 285–6; *1980*, 254–5
Sel. Khoz. (1935), 629 (average figures for livestock 1928–34 calculated from total data here); (1960), 41
Sots. Stroi. (1934), 164; (1936), 273
Sots. Stroi. Soyuza SSR (1933–8), 85

59. DELIVERIES OF INDUSTRIAL SUPPLIES

	Mineral fertiliser (m. tons, standard units)	Tractors (000) (in 15 HP units)	(= number of tractors)	Lorries (000)	Combines (000, grain, maize, and silage, but excluding single beet and potato)
1924/5		4·6	6·7		
1925/6		9·2	13·1		
1926/7		3·9	5·7		
1927/8		2·3	3·3		
1928/9		8·4	9·5		
1929/30		42·3	39·2		
1931		64·3	59·1		
1932	1·1	45·3	46·1		
1933	0·88	70·6	68·7	27·1	
1934	1·4	103·0	87·3	15·0	
1935	2·4	138·7*	103·1	13·4	
1940	3·2	33·5	20·3	17·5	12·8
1950	5·4	182·5	92·2	87·1	45·8
1953	6·6	151·1	76·2	68·9	41·5
1956	9·4				
1957	10·4				
1958	10·6	251·8	157·5	102·1	107·3
1959	11·1	236·3	144·3	76·3	66·2
1960	11·4	269·2	157·0	66·1	73·6
1961	12·1	333·9	185·3	69·7	108·0
1962	13·6	376·6	206·0	82·6	151·6
1963	16·0	437·7	239·3	68·8	163·8
1964	22·0	425·4	222·5	63·0	133·8
1965	27·1	482·1	239·5	70·2	102·4
1966	30·5	583·1	276·0	105·5	98·5†
1967	33·7	623·7	287·4	108·1	113·9†
1968	37·5	644·2	290·3	113·8	117·6†
1969	38·8	696·3	304·3	125·9	115·5†
1970	45·6	721·1	309·3	125·8	135·0

59. DELIVERIES OF INDUSTRIAL SUPPLIES (continued)

	Mineral fertiliser (m. tons, standard units)	Tractors (000)		Lorries (000)	Combines (000, grain, maize, and silage, but excluding single beet and potato)
		(in 15 HP units)	(= number of tractors)		
		Total HP (million)			
1971	50·5	20·0	313·2	137·3	145·7
1972	54·8	21·2	312·8	152·7	156·7
1973	60·0	22·6	323·0	188·4	156·7
1974	65·9	25·3	348·0	212·4	161·1
1975	73·5	27·3	370·4	228·5	172·2
1976	75·0	28·5	368·6	226·1	162·0
1977	77·0	28·3	364·6	224·4	168·9
1978	79·0	29·4	370·6	224·1	169·8
1979	76·3	29·0	354·8	218·3	165·1
1980	82·0	28·9	347·6	214·7	164·8
1981	84·5	29	352	—	147·8†

* Provisional figure.
† Excludes maize combines, of which 160 were delivered in 1965 and 5000 in 1970.

Sources: *Nar. Khoz. 1959*, 380; *1961*, 380, 417; *1964*, 338, 389; *1967*, 412, 465; *1968*, 422; *1969*, 357; *1970*, 339, 381; *1975*, 335, 383; *1979*, 236, 261; *1980*, 217–8, 237
Pravda (24 January 1982)
Sel. Khoz. (1935), 199 (15 HP units calculated)
Sots. Stroi. (1936), 253, 353

60. GRAIN

Pre-war grain harvest figures from 1933 onwards were given in what was called 'biological yield', an estimate of the crop before it was harvested. The estimates were much higher than actual crop yields. The true figures for most years appeared in a specialised, very small circulation book (500 copies): Yu. Moshkov, *Zernovaya problema v gody sploshnoi kollektivizatsii* (Moscow University, 1966). Averages for 1933–7 and 1938–40 appear in post-1960 handbooks.

I have not been able to find procurement figures for 1925–7; this was the period before the beginning of the collectivisation drive, when, partly at least because the government cut grain prices substantially, peasants became increasingly reluctant to sell and procurements fell.

60. GRAIN (continued)

1. Harvest
(*m. tons*)

	All grains	*Wheat*	*Rye*	*Maize*
1913	80·1*			1·1 (2·1 in present territory)
1917	54·6			
1918	49·5			
1919	50·5			
1920	45·2			
1921	42·3 (36·2)†	9·5	—	—
1922	56·3§	11·8	18·2	3·0
1923	57·4	13·4	19·8	3·2
1924	51·4	13·1	18·8	2·3
1925	74·7	21·4	22·8	4·5
1926	78·3	24·9	23·7	3·5
1927	72·8	21·7	24·2	3·1
1928	73·3	22·0	19·3	3·3
1929	71·7	18·9	20·3	3·0
1930	83·5	26·9	23·6	2·7
1931	69·5	20·5	21·9	4·8
1932	69·6	20·3	22·0	3·4
1933	68·4 [89·8]**			
1934	67·6 [89·4]**			
1935	75·0 [90·1]**			
1936	56·1‡			
1937	97·4	38·9		2·8
1938	—§§	—		
1939	—§§	—		

* In pre-war territory according to pre-war source: post-war source gives 76·5 for this, and 86·0 for present-day territory.
† More than one figure exists for this year.
§ A figure of 50·3 is given in *Sotsialisticheskoe stroitelstvo* (1934), 4. Neither appears to be a misprint, as the full figures are 50·31 and 56·29.
** Figures in square brackets are 'biological yield'—see note preceding table.
‡ Calculated from other years and from average for 1933–7 in *Sel. Khoz. SSSR* (1960), 196.
§§ Annual average for 1938–40 was 77·9 (*Sel. Khoz.* (1960), 196). Since 1940 was 95·6, 1938–9 average must have been 69·0

146

60. GRAIN (continued)
1. Harvest (continued)
(*m. tons*)

	All grain	Socialised sector (%)	Wheat	Rye	Maize (grain) (fully ripe)	Barley
1940	95·6	(88)	31·8	21·1	5·2	12·0
1941	56·3					
1942	30·0					
1943	30·0					
1944	48·7					
1945	47·3	(81)	13·4			
1946	39·6					
1947	65·9					
1948	67·2					
1949	70·2					
1950	81·2	(93)	31·1	18·0	6·6	
1951	78·7					
1952	92·2					
1953	82·5	(97)	41·3	14·5	3·7	
1954	85·6		42·4		3·7	
1955	103·7		47·3		11·6	
1956	125·0		67·4		9·9	
1957	102·6		58·1		4·6	
1958	134·7	(98)	76·6	15·8	10·2	
1959	119·5	(98)	69·1	16·9	5·7	
1960	125·5	(98)	64·3	16·4	9·8	
1961	130·8	(98)	66·5	16·7	17·1	
1962	140·2	(98)	70·8	17·0	15·5	
1963	107·5	(98)	49·7	11·9	11·1	
1964	152·1	(99)	74·4	13·6	13·8	
1965	121·1	(98)	59·7	16·2	8·0	20·3
1966	171·2	(98)	100·5	13·1	8·4	
1967	147·9	(98)	77·4	13·0	9·2	
1968	169·5	(98)	93·4	14·1	8·8	
1969	162·4	(98)	79·9	10·9	12·0	
1970	186·8	(99)	99·7	13·0	9·4	38·2

60. GRAIN (continued)
1. Harvest (continued)
(*m. tons*)

	All grain	Socialised sector (%)	Wheat	Rye	Maize (grain) (fully ripe)	Barley
1971	181·2	(99)	98·8	12·8	8·6	34·6
1972	168·2	(99)	86·0	9·6	9·8	36·8
1973	222·5	(99)	109·8	10·8	13·2	55·0
1974	195·7	(99)	83·9	15·2	12·1	54·2
1975	140·1	(99)	66·2	9·1	7·3	35·8
1976	223·8	(99)	96·9	14·0	10·1	69·5
1977	195·7	(99)	92·2	8·5	11·0	52·7
1978	237·4	(99)	120·9	13·6	8·9	62·1
1979	179·2	(99)	90·2	8·1	8·4	47·9
1980	189·1	(99)	98·2	10·2	9·5	43.5

Sources: *Istoriya ... 1941–45*, 67–9 (1941–4)
Moshkov, *Zernovaya Problema v gody sploshnoi kollektivizatsii* (Moscow, 1966), 226
Nar. Khoz. 1932, 121; *1958*, 418; *1961*, 300–1; *1963*, 273; *1964*, 302, 304; *1968*, 353, 354; *1969*, 323, 325, 327; *1970*, 281, 309, 311, 313, 314; *1975*, 318, 321; *1979*, 222, 247, 248; *1980*, 202, 230
Sel'. Khoz. 1935, 213; *1960*, 197
Sots. Stroi. (1934), 203

60. GRAIN (continued)
2. Procurements
(*m. tons*)

	All grains	*Wheat*		*All grains*	*Wheat*
1917	1·7		1950	32·3	15·1
1918	1·8		1951	33·6	16·3
1919	3·5		1952	34·7	20·8
1920	6·0		1953	31·1	19·2
1921	3·8		1954	34·6	19·9
1922	6·9		1955	36·9	19·9
1923	6·5		1956	54·1	37·2
1924	5·2		1957	35·4	25·6
1925			1958	56·6	41·9
1926			1959	46·6	34·2
1927			1960	46·7	30·7
1928	10·8	5·3	1961	52·1	33·3
1929	16·1	5·1	1962	56·6	34·6
1930	22·1	9·0	1963	44·8	22·7
1931	22·8	8·2	1964	68·3	38·7
1932	18·5	5·8	1965	36·3	21·8
1933	22·6	9·0	1966	75·0	56·8
1934	26·1	9·3	1967	57·2	38·2
1935	1933–7 average, 27·5	1933–7 average, 12·3	1968	69·0	49·0
1936			1969	55·5	36·1
			1970	73·3	51·0
1937	31·9		1971	64·1	47·3
1938	1938–40 average, 32·1	1938–40 average, 15·7	1972	60·0	42·1
1939			1973	90·5	58·0
			1974	73·3	38·3
1940	36·4	15·6	1975	50·2	29·5
1941	24·4		1976	92·1	49·3
1942	12·4		1977	68·0	42·2
1943	12·4		1978	95·9	60·6
1944	21·5		1979	62·8	41·0
1945	20·0	6·5	1980	69·4	46·5
1946	17·5	6·1			
1947	27·5	8·2			
1948	30·2	13·3			
1949	32·1	11·8			

Sources: *Istoriya, 1941–45*, 67–9
A. Malafeyev, *Istoriya Tsenoobrazovaniya v SSSR* (Moscow, 1964), 175, 177 (1928–33 figures)
Nar. Khoz. 1958, 357; *1963*, 273; *1969*, 323, 325; *1970*, 309, 311; *1975*, 325, 374; *1979*, 255; *1980*, 234
Sel. Khoz. 1935, 240; *1960*, 196, 197; *1971*, 161
SSSR i Zarubezhnye Strany: stat. sbor. (1970), 95

60. GRAIN (continued)
3. Yields
(*cn/ha*)

	All grains	Wheat Winter	Spring
1909–13 annual average	6·9	8·1	5·8
1913	8·1[x]	9·9[x]	7·3[xy]
	8·2[y]	10·0[y]	
1917	6·4		
1918	6·0		
1919	6·2		
1920	5·7		
1921	5·3	4·9	3·7
1922	8·5	9·8	7·2
1923	7·3	10·7	5·6
1924	6·2	7·4	5·2
1925	8·6	9·9	7·9
1926	8·4	10·0	7·7
1927	7·6	8·7	5·9
1928	7·9	7·8	8·0
1929	7·5	7·9	5·9
1930	8·5	10·6	7·3
1931	6·7	9·1	4·0
1932	7·0	7·4	5·1
1933	1933–7	1933–7	1933–7
1934	average,	average,	average,
1935	7·1	8·6	5·1
1936			
1937	9·3	11·5	8·3
1938	1938–40	1938–40	1938–40
1939	average,	average,	average,
	7·7	9·9	6·5
1940	8·6	10·1	6·6
1941	6·9		
1942	4·4		
1943	4·2		
1944	6·0		

60. GRAIN (continued)
3. Yields (continued)
(*cn/ha*)

	All grains	Wheat Winter	Spring
1945	5·6	6·3	4·8
1946	4·6	5·4	4·2
1947	7·3	7·5	6·3
1948	6·7	11·3	4·4
1949	6·9	7·8	5·7
1950	7·9	9·1	7·6
1951	7·4	10·9	5·7
1952	8·6	13·8	6·9
1953	7·8	11·1	7·0
1954	7·7	9·3	8·3
1955	8·4	13·5	5·3
1956	9·9	11·6	10·7
1957	8·4	14·7	6·1
1958	11·1	16·2	9·7
1959	10·4	15·2	9·4
1960	10·9	15·1	9·5
1961	10·7	16·9	8·2
1962	10·9	16·8	8·2
1963	8·3	12·9	5·9
1964	11·4	13·8	9·9
1965	9·5	16·1	5·5
1966	13·7	20·4	12·0
1967	12·1	17·8	8·9
1968	14·0	18·3	12·2
1969	13·2	18·9	10·1
1970	15·6	22·8	12·3

60. GRAIN (continued)

3. Yields (continued)

(*cn/ha*)

	All grains	Wheat Winter	Spring
1971	15·4	23·1	11·8
1972	14·0	19·6	13·0
1973	17·6	27·0	13·5
1974	15·4	24·0	9·5
1975	10·9	18·7	7·0
1976	17·5	25·9	12·4
1977	15·0	25·1	9·7
1978	18·5	29·8	13·1
1979	14·2	20·5	13·3
1980	14·9	22·1	12·4

Sources: *Istoriya, 1941*–45, 67–9 *Nar. Khoz. 1932*, 121; *1958*, 418; *1961*, 304; *1963*, 273; *1964*, 252; *1968*, 321; *1969*, 323, 325; *1970*, 309, 311; *1975*, 319; *1979*, 247, 249; *1980*, 229
Sel. Khoz. 1935, 239; *1960*, 208–9, 146, 197; *1971*, 161

61. COTTON

	Output (and state procurements) (m. tons)	Average yield (cn/ha.)		Output (and state procurements) (m. tons)	Average yield (cn/ha.)
1913	0·74	10·8	1950	3·5	15·3
1917	—	—	1951	3·7	13·7
1918	—	—	1952	3·8	13·3
1919	—	—	1953	3·9	20·5
			1954	4·2	19·1
1920	—	—			
1921	0·02	1·9	1955	3·9	17·7
1922	0·02	3·2	1956	4·3	21·0
1923	0·14	6·2	1957	4·2	20·1
1924	0·34	7·6	1958	4·3	20·2
			1959	4·6	21·6
1925	0·54	9·2			
1926	0·54	8·2	1960	4·3	19·6
1927	0·72	9·0	1961	4·5	19·3
1928	0·82	8·5	1962	4·3	18·0
1929	0·86	8·3	1963	5·2	21·0
			1964	5·3	21·5
1930	1·1	7·7			
1931	1·3	6·8	1965	5·7	23·2
1932	1·3	6·9	1966	6·0	24·3
1933	1·3	7·8	1967	6·0	24·5
1934	1·2	7·3	1968	5·9	24·3
			1969	5·7	22·5
1935	1·7	10·2			
1937	2·6	12·1	1970	6·89	25·1
			1971	7·10	25·6
1940	2·2	10·8	1972	7·30	26·7
			1973	7·66	28·0
1945	1·2	9·6	1974	8·41	29·2
1946	1·6	12·6			
1947	1·7	11·6	1975	7·86	26·9
1948	2·2	13·9	1976	8·28	28·1
1949	2·5	14·4	1977	8·76	29·3
			1978	8·50	28·0
			1979	9·16	29·6
			1980	9·96	31·7
			1981	9·60	—

Note. The socialised sector has produced 100 per cent of cotton output
consistently since 1940.

Sources: *Nar. Khoz. 1932*, 121; *1958*, 418; *1970*, 318; *1975*, 318, 319; *1979*,
250; *1980*, 232
Pravda (24 January 1982)   *Sel. Khoz.* (1935), 213

62. SUGAR BEET

	Output (m. tons)	Socialised sector (%)	State procurements (m. tons)	Average yield (cn/ha)
1913	11·3		—	168
1921	0·4			19
1922	1·9			106
1923	2·8			108
1924	3·5			92
1925	9·1			170
1926	6·4			118
1927	10·4			157
1928	10·1		9·4	132
1929	6·3		6·0	81
1930	14·0		13·2	135
1931	12·1		10·4	86
1932	6·6		6·1	64
1933	9·0		8·2	74
1934	11·4		9·5	96
1935	16·2		15·5	132
1937	21·6			181
1940	18·0	(94)	17·4	146
1945	5·5	(90)	4·7	66
1946	4·3		3·8	46
1947	14·0		12·2	129
1948	12·9		11·8	101
1949	15·7		15·3	121
1950	20·8	(100)	19·7	159
1951	23·6	(100)	23·4	170
1952	22·2	(100)	22·0	152
1953	23·2	(100)	22·9	148
1954	19·8	(100)	19·5	124

62. SUGAR BEET (continued)

	Output (m. tons)	Socialised sector (%)	State procurements (m. tons)	Average yield (cn/ha.)
1955	31·0	(100)	30·7	176
1956	32·5	(100)	31·5	162
1957	39·7	(100)	38·5	188
1958	54·4	(100)	51·0	218
1959	43·9	(100)	41·4	159
1960	57·7	(100)	52·2	191
1961	50·9	(100)	47·7	164
1962	47·4	(100)	43·9	152
1963	44·1	(100)	41·5	120
1964	81·2	(100)	76·1	199
1965	72·3	(100)	67·5	188
1966	74·0	(100)	69·7	195
1967	87·1	(100)	81·6	230
1968	94·3	(100)	84·2	266
1969	71·2	(100)	65·3	211
1970	78·9	(100)	71·4	237
1971	72·2	(100)	64·3	219
1972	76·4	(100)	68·0	223
1973	87·0	(100)	77·8	247
1974	77·9	(100)	67·5	216
1975	66·3	(100)	61·9	181
1976	99·9	(100)	85·1	266
1977	93·1	(100)	84·9	248
1978	93·5	(100)	80·1	248
1979	76·2	(100)	69·3	204
1980	79·6	(100)	64·4	218
1981	60·6			

Sources: *Nar. Khoz. 1932*, 121; *1958*, 418; *1961*, 304; *1964*, 259; *1968*, 321; *1970*, 320; *1975*, 318, 319, 321, 325; *1979*, 222, 251, 256; *1980*, 232
Pravda (24 January 1982)
Sel. Khoz. (1935), 212–3, 215

63. FLAX (FIBRE)

	Output (000 tons)	State procurements (000 tons)	Average yield (cn/ha)
1913	330[x] 401[y]	—	3·2
1924	240		2·5
1925	300		2·4
1926	270		2·1
1927	240		2·0
1928	324	172	2·4
1929	361	227	2·2
1930	436	183	2·5
1931	553	256	2·3
1932	498	287	2·0
1933	548	255	2·3
1934	533	267	2·5
1935	550	295	2·6
1937	362		1·7
1940	349	245	1·7
1945	150	65	1·5
1946	133	75	1·4
1947	170	93	1·6
1948	257	162	1·9
1949	310	209	1·9
1950	255	174	1·3
1951	193	159	1·2
1952	213	189	1·4
1953	162	145	1·3
1954	218	192	2·0
1955	381	347	2·6
1956	521	427	2·7
1957	440	387	2·6
1958	438	392	2·7
1959	364	333	2·3

63. FLAX (FIBRE) (continued)

	Output (000 tons)	State procurements (000 tons)	Average yield (cn/ha)
1960	425	369	2·6
1961	399	369	2·5
1962	432	395	2·5
1963	380	368	2·6
1964	346	317	2·2
1965	480	433	3·3
1966	461	426	3·3
1967	485	447	3·5
1968	402	355	3·0
1969	487	447	3·7
1970	456	431	3·6
1971	486	461	3·9
1972	456	439	3·6
1973	443	421	3·5
1974	402	364	3·3
1975	493	478	4·1
1976	509	483	4·2
1977	480	440	4·0
1978	376	332	3·1
1979	317	295	3·0
1980	291	259	2·6

Sources: *Nar. Khoz. 1958*, 418; *1970*, 322; *1975*, 318, 319, 325; *1979*, 253, 256; *1980*, 232
Sel. Khoz. (1935), 422
Sots. stroi. (1934), 211

64. SUNFLOWER SEED

	Output (000 tons)	State procurements (000 tons)	Average yield (cn/ha)
1913		—	7·6
1924	1300		5·0
1925	2230		7·2
1926	1550		6·0
1927	2160		7·6
1928	2127	1072	5·4
1929	1764	809	4·9
1930	1629	748	4·8
1931	2506	1351	5·5
1932	2268	563	4·3
1933	2354	797	6·0
1934	2077	702	5·9
1935	1850		5·6
1937	1755		5·4
1940	2636	1500	7·4
1945	844	490	2·9
1946	792	522	2·6
1947	1393	779	4·1
1948	1934	1135	5·6
1949	1852	1166	5·1
1950	1798	1084	5·0
1951	1739	1156	4·8
1952	2205	1346	6·0
1953	2630	1796	6·7
1954	1909	1188	4·7
1955	3797	2316	8·9
1956	3947	2391	8·7
1957	2801	1760	8·1
1958	4626	2615	11·8
1959	3019	1861	7·7

64. SUNFLOWER SEED (continued)

	Output (000 tons)	State procurements (000 tons)	Average yield (cn/ha)
1960	3967	2293	9·4
1961	4753	2923	11·2
1962	4795	3082	10·9
1963	4285	3035	9·7
1964	6058	3933	13·1
1965	5449	3888	11·1
1966	6150	4663	12·2
1967	6608	4867	13·8
1968	6685	4906	13·7
1969	6358	4312	13·3
1970	6144	4613	12·8
1971	5663	4359	12·6
1972	5048	3753	11·4
1973	7385	5553	15·5
1974	6784	5228	14·4
1975	4990	3841	12·3
1976	5277	3770	11·6
1977	5904	4447	12·8
1978	5333	4028	11·7
1979	5414	4225	12·4
1980	4652	3357	10·6
1981	4600		

Sources: *Nar. Khoz. 1958*, 418; *1970*, 324; *1975*, 319, 325, 370; *1970*, 252, 257; *1980*, 233
Pravda (24 January 1982)
Sel. Khoz. (1935), 386
Sots. Stroi. (1934), 211

65. POTATOES

	Output (m. tons)	Socialised sector (%)	State procurements (m. tons)	Average yield (cn/ha)
1913	31·9[y]		—	66·6[x]
				76[y]
1924	36·1		—	
1925	41·8		—	
1926	45·4		—	
1927		—		
1928	46·4		—	82
1929	45·6		—	80
1930	49·4		5·7	86
1931	44·8		4·5	71
1932	43·1		4·5	71
1933	49·3		5·7	87
1934	56·2		6·0	92
1935	69·7			95
1937	58·7			86
1940	76·1	(35)	8·5	99
1945	58·3	(25)	4·5	70
1946	55·6		4·6	73
1947	74·5		5·2	99
1948	95·0		7·2	109
1949	89·6		7·0	100
1950	88·6	(27)	6·9	104
1951	58·8		5·2	70
1952	69·2		5·6	84
1953	75·6	(28)	5·4	87
1954	75·0		6·6	86
1955	71·8		5·9	79
1956	96·0		9·2	104
1957	87·8		7·9	90
1958	86·5	(34)	7·0	91
1959	86·6	(37)	6·8	91

65. POTATOES (continued)

	Output (m. tons)	Socialised sector (%)	State procurements (m. tons)	Average yield (cn/ha)
1960	84·4	(37)	7·1	92
1961	84·3	(36)	7·0	95
1962	69·7	(30)	5·7	80
1963	71·8	(34)	8·0	84
1964	93·6	(40)	11·1	110
1965	88·7	(37)	9·9	103
1966	87·9	(36)	9·3	105
1967	95·5	(37)	11·7	115
1968	102·2	(38)	11·7	123
1969	91·8	(33)	10·6	113
1970	96·8	(35)	11·2	120
1971	92·7	(37)	11·5	117
1972	78·3	(38)	11·1	98
1973	108·2	(39)	15·4	135
1974	81·0	(36)	11·1	101
1975	88·7	(41)	14·5	112
1976	85·1	(38)	13·4	120
1977	83·7	(41)	17·1	118
1978	86·1	(39)	15·0	122
1979	91·0	(41)	16·5	130
1980	67·0	(36)	11·1	96
1981	72·0	—	—	—

[x] 1935 source; [y] 1969 source

Sources: *Nar. Khoz. 1958*, 418; *1961*, 304; *1964*, 252; *1968*, 321; *1969*, 340; *1970*, 281, 326; *1975* 318, 319, 321, 325; *1979*, 222, 253, 257; 204, *Nar. Khoz. SSSR za 60 let*, 283; *1980*, 233
Pravda (24 January 1982)
Sel. Khoz. (1935), 467
Sots. Stroi. (1936), 339, 345
Ten Years of Soviet Power in Figures, 1917–1927, 119

66. VEGETABLES

	Output (m. tons)	Socialised sector (%)	State procurements (m. tons)	Average yield (cn/ha)
1913	4·4[x]			91[x]
	5·5[y]			84[y]
1928	10·5			132
1929	10·6			
1930	17·5			
1937	15·4			112
1940	13·7	(52)	3·0	91
1945	10·3	(44)	1·8	58
1946	8·9		1·5	54
1947	14·9		2·1	83
1948	13·2		2·0	82
1949	10·8		1·9	76
1950	9·3	(56)	2·0	72
1951	8·8		1·8	70
1952	9·8		1·8	78
1953	11·4	(52)	2·5	87
1954	11·9		3·0	82
1955	14·1		3·9	95
1956	14·3		3·8	91
1957	14·8		4·2	101
1958	14·9	(55)	4·2	101
1959	14·8	(54)	4·5	100
1960	16·6	(56)	5·1	111
1961	16·2	(55)	5·5	113
1962	16·0	(58)	6·2	109
1963	15·2	(59)	6·3	104
1964	19·5	(61)	7·9	130
1965	17·6	(59)	7·7	123
1966	17·9	(58)	8·0	125
1967	20·5	(60)	9·5	141
1968	19·0	(59)	9·1	131
1969	18·7	(61)	9·6	126
1970	21·2	(62)	10·9	138

66. VEGETABLES (continued)

	Output (m. tons)	Socialised sector (%)	State procurements (m. tons)	Average yield (cn/ha)
1971	20·8	(63)	11·5	132
1972	19·9	(64)	11·2	122
1973	25·9	(66)	14·1	155
1974	24·8	(67)	14·7	145
1975	23·4	(66)	13·9	135
1976	25·0	(73)	16·0	152
1977	24·1	(71)	16·2	146
1978	27·9	(71)	18·4	161
1979	27·2	(69)	18·0	156
1980	25·9	(67)	17·7	150
1981	25·6	—	—	—

x Pre-1939 territory;   *y* Present territory

Sources: *Nar. Khoz. 1932,* 178–9; *1958,* 418; *1961,* 304; *1964,* 252; *1968,* 321; *1969,* 342; *1970,* 281, 328; *1975,* 318, 319, 321, 325; *1979,* 222, 255, 257; *1980,* 204; *Nar. Khoz. SSSR za 60 let,* 283 *Pravda* (24 January 1982)

67. FRUIT AND BERRIES (INCLUDING GRAPES)

	Output (000 tons)	of which, grapes (000 tons)	State procurements (000 tons)	of which, grapes (000 tons)
1940	3873	1131	596	306
1945	2400	1130	275*	137
1950	2850	753	597	302
1953	3208	1036	1194	569
1956	3440	1220	1278	669
1957	4950	1400	1650	797
1958	4846	1734	1900	998
1959	4951	1734	1907	1035
1960	4942	1871	1951	1087
1961	5036	2225	2304	1405
1962	5978	2972	2937	1964
1963	6411	2572	3061	1786
1964	6866	2629	3415	1906
1965	8100	3723	4477	2875
1966	7805	3378	4473	2644
1967	8966	3441	4680	2605
1968	10,621	4472	6004	3531
1969	9467	4181	5817	3354
1970	11,690	4011	6180	3145
1971	12,307	4467	6351	3544
1972	9570	2786	5325	2026
1973	13,351	4583	7793	3544
1974	12,441	4608	7933	3722
1975	14,235	5400	8541	4329
1976	15,260	5442	9684	4407
1977	15,275	4255	9439	3422
1978	14,374	5498	9268	4608
1979	16,303	6087	10,827	5087
1980	14,644	6626	10,003	5713

* 1945 figure excludes citrus fruits (which were 28,000 tons in 1940 and 45,000 in 1958).

Sources: *Nar. Khoz. 1959*, 314–15, 322–3; *1961*, 305, 379; *1964*, 336–7; *1967*, 410–11; *1969*, 351–3; *1970*, 337–8; *1975*, 325, 381; *1979*, 259, 260; *1980*, 236, 237

68. TEA

Production (and procurements) of tea leaf
(*000 tons*)

1913	0·55
1928	1·06
1940	51·6
1950	84·9
1957	112
1958	138·2
1959	145·7
1960	163·7
1961	161·6
1962	178·9
1963	195·6
1964	193·7
1965	197·0
1966	238·2
1967	234·4
1968	229·0
1969	244·6
1970	272·7
1971	280·2
1972	291·1
1973	305·4
1974	329·9
1975	352·3
1976	375·4
1977	434·2
1978	453·8
1979	480·1
1980	529·7

Sources: *Nar. Khoz. 1958*, 440; *1961*, 380; *1964*, 337; *1967*, 411; *1969*, 353; *1970*, 338; *1975*, 382; *1979*, 261; *1980*, 237

69. TOBACCO

| | Procurements | | Production | |
| | Tobacco | Makhorka | Tabacco | Makhorka |
	(000 tons)		(000 tons)	
1928			33	85
1929			32	87
1930			39	90
1931			53	116
1932			57	97
1933			55	93
1940	73	168		
1945	31	36		
1950	59	86		
1953	81	82		
1954	93	69		
1955	81	108		
1956	79	119		
1957	102	88		
1958	100	102		
1959	112	72		
1960	103	70		
1961	100	33		
1962	102	30		
1963	122	28		
1964	184	43		
1965	169	43		
1966	178	38		
1967	215	32		
1968	215	46		
1969	195	39		
1970	228	30		

69. TOBACCO (continued)

	Procurements	
	Tobacco	*Makhorka*
	(000 tons)	
1971	230	24
1972	275	17
1973	273	26
1974	292	18
1975	287	9
1976	299	12
1977	300	7
1978	273	7
1979	294	4
1980	284	

Sources: *Nar. Khoz. 1932*, 178–9; *1958*, 357; *1961*, 305; *1964*, 255; *1967*, 337; *1969*, 299; *1970*, 285; *1975*, 325; *1979*, 229; *1980*, 210
Sel. Khoz. (1935), 459, 460

70. LIVESTOCK

(numbers at beginning of year, in millions)

		Cattle State and collective (as % of total)	Private (as % of total)		Cows State and collective (as % of total)	Private (as % of total)
	Total			Total		
1916	51·7[x]			24·9[x]		
	58·4[y]			28·8[y]		
1917	51·6			25·0		
1918	50·8			25·3		
1919	48·6			25·5		
1920	45·9			24·8		
1921	43·7			24·9		
1922	40·9			24·8		
1923	41·8			24·3		
1924	47·3			25·4		
1925	51·2			26·6		
1926	54·0			27·8		
1927	56·5			28·5		
1928	60·1	(0·5)*		29·3	(0·4)*	
	66·8[x]			33·2[y]		
1929	58·2	(0·9)*		29·2	(0·8)*	
1930	50·6	(8)*		28·5	(6)*	
1931	42·5	(23)*		24·5	(17)*	
1932	38·3	(34)*		22·3	(23)*	
1933	33·5	(35)*		19·4	(25)*	
1934	33·5	12·3 (37)	21·2 (63)	19·0	4·6 (24)*	14·4 (76)
1935	38·9	14·3 (37)	24·6 (63)	19·0	4·8 (25)	14·2 (75)
1936	46·0	17·5 (38)	28·5 (62)	20·0	5·1 (25)	14·9 (75)
1937	47·5	18·1 (38)	29·4 (62)	20·9	5·3 (25)	15·6 (75)
1938	50·9	18·0 (35)	32·9 (65)	22·7	5·5 (24)	17·2 (76)
1939	53·5	18·8 (35)	34·7 (65)	24·0	5·7 (24)	18·3 (76)
1940	47·8	20·9 (44)	26·9 (56)	22·8	6·2 (27)	16·6 (73)
1941	54·8	23·6 (43)	31·1 (57)	28·0	7·0 (25)	21·0 (75)

[x] Pre-1939 boundaries   [y] Present boundaries.
* These figures relate to July of the respective years.

70. LIVESTOCK (continued)

(numbers at beginning of year, in millions)

	Cattle				Cows		
	Total	State and collective (as % of total)	Private (as % of total)		Total	State and collective (as % of total)	Private (as % of total)
1946	47·6	18·9 (40)	28·7 (60)		22·9	4·6 (20)	18·3 (80)
1947	47·0	18·7 (40)	28·3 (60)		23·0	4·6 (20)	18·4 (80)
1948	50·1	20·1 (40)	30·0 (60)		23·8	4·8 (20)	19·0 (80)
1949	54·8	24·5 (45)	30·3 (55)		24·2	5·7 (24)	18·5 (76)
1950	58·1	29·1 (50)	29·0 (50)		24·6	6·9 (30)	17·1 (70)
1951	57·1	32·3 (57)	24·8 (43)		24·3	8·3 (34)	16·0 (66)
1952	58·8	35·6 (61)	23·2 (39)		24·9	9·3 (37)	15·6 (63)
1953	56·6	34·5 (61)	22·1 (39)		24·3	9·9 (41)	14·4 (59)
1954	55·8	32·1 (58)	23·7 (42)		25·2	10·1 (40)	15·1 (60)
1955	56·7	31·3 (55)	25·4 (45)		26·4	11·2 (42)	15·2 (58)
1956	58·8	31·0 (53)	27·8 (47)		27·7	11·6 (42)	16·1 (58)
1957	61·4	32·5 (53)	28·9 (47)		29·0	12·6 (43)	16·4 (57)
1958	66·8	37·3 (56)	29·5 (44)		31·4	13·6 (43)	17·8 (57)
1959	70·8	41·3 (58)	29·5 (42)		33·3	14·7 (44)	18·6 (56)
1960	74·2	48·4 (65)	25·8 (35)		33·9	16·7 (49)	17·2 (51)
1961	75·8	52·7 (70)	23·0 (30)		34·8	18·5 (53)	16·3 (47)
1962	82·1	58·2 (71)	23·9 (29)		36·3	20·1 (55)	16·2 (45)
1963	87·0	62·5 (72)	24·5 (28)		38·0	21·8 (57)	16·2 (43)
1964	85·4	61·4 (72)	24·1 (28)		38·3	22·4 (58)	16·0 (42)

70. LIVESTOCK (continued)

(numbers at beginning of year, in millions)

	Cattle			Cows		
	Total	State and collective (as % of total)	Private (as % of total)	Total	State and collective (as % of total)	Private (as % of total)
1965	87·2	62·1 (71)	25·1 (29)	38·8	22·6 (58)	16·2 (42)
1966	93·4	65·5 (70)	27·9 (30)	39·3	22·7 (58)	16·6 (42)
1967	97·1	67·8 (70)	29·3 (30)	40·2	23·1 (57)	17·1 (43)
1968	97·2	68·7 (71)	28·4 (29)	40·4	23·3 (58)	17·1 (42)
1969	95·7	68·5 (72)	27·3 (28)	40·1	23·3 (58)	16·7 (42)
1970	95·2	70·2 (74)	25·0 (26)	39·4	23·5 (60)	15·9 (40)
1971	99·2	74·3 (75)	24·9 (25)	39·8	24·2 (61)	15·6 (39)
1972	102·4	77·5 (76)	24·9 (24)	40·0	24·9 (62)	15·1 (38)
1973	104·0	79·3 (76)	24·7 (24)	40·6	25·9 (64)	14·7 (36)
1974	106·3	81·7 (77)	24·6 (23)	41·4	26·9 (65)	14·5 (35)
1975	109·1	84·6 (78)	24·5 (22)	41·9	27·7 (66)	14·2 (34)
1976	111·0	87·6 (79)	23·5 (21)	41·9	28·2 (67)	13·7 (33)
1977	110·4	87·5 (79)	22·8 (21)	42·0	28·6 (68)	13·4 (32)
1978	112·7	89·4 (79)	23·3 (21)	42·6	29·2 (69)	13·4 (31)
1979	114·1	91·0 (80)	23·1 (20)	43·0	29·7 (69)	13·3 (31)
1980	115·1	92·0 (80)	23·1 (20)	43·3	30·1 (70)	13·2 (30)
1981	115·1	92·1 (80)	23·0 (20)	43·4	30·2 (70)	13·2 (30)
1982	115·7			43·6		

70. LIVESTOCK (continued)

(*numbers at beginning of year, in millions*)

	Total	Sheep State and collective (as % of total)	private (as % of total)	Total	Pigs State and collective (as % of total)	Private (as % of total)
1916	$\begin{cases}82 \cdot 5^x \\ 89 \cdot 7^y\end{cases}$			$\begin{matrix}17 \cdot 3^x \\ 23 \cdot 0^y\end{matrix}$		
1917	81·7			18·6		
1918	80·2			19·3		
1919	78·7			18·4		
1920	77·3			16·3		
1921	75·7			15·4		
1922	68·2			13·1		
1923	62·9			10·4		
1924	69·1			14·6		
1925	78·6			18·4		
1926	85·8			18·1		
1927	90·3			18·7		
1928	97·3	(0·7)*†		22·0	(0·5)*	
	104·2y			27·7y		
1929	97·4	(1·3)*†		19·4	(0·9)*	
1930	85·5	(8)*†		14·2	(8)*	
1931	62·5	(22)*†		11·7	(25)*	
1932	43·8	(37)*†		10·9	(44)*	
1933	34·0	(41)*†		9·9	(49)*	
1934	32·9	15·7 (48)	17·2 (52)	11·5	6·2 (54)	5·3 (46)
1935	36·4	17·7 (49)	18·7 (51)	17·1	7·0 (41)	10·1 (59)
1936	43·8	22·4 (51)	21·4 (49)	25·9	9·2 (36)	16·7 (64)
1937	46·6	24·3 (52)	22·3 (48)	20·0	8·3 (41)	11·7 (59)
1938	57·3	28·0 (49)	29·3 (51)	25·7	8·8 (34)	16·9 (66)
1939	69·9	32·6 (47)	37·3 (53)	25·2	9·7 (38)	16·1 (64)
1940	66·6	37·9 (57)	28·7 (43)	22·5	9·7 (43)	12·8 (57)
1941	80·0	46·2 (58)	33·8 (42)	27·6	11·5 (42)	16·1 (58)

ˣ Pre-1939 boundaries   ʸ Present boundaries.
* These figures relate to July of the respective year.
† Includes goats.

70. LIVESTOCK (continued)

(numbers at beginning of year, in millions)

	Sheep			Pigs		
	Total	State and collective (as % of total)	Private (as % of total)	Total	State and collective (as % of total)	Private (as % of total)
1946	58·5	38·6	(66)	19·9	(34)	10·6	4·3	(41)	6·3	(59)
1947	57·7	40·4	(70)	17·3	(30)	8·7	4·0	(46)	4·7	(54)
1948	63·3	45·2	(71)	18·1	(29)	9·7	4·9	(51)	4·8	(49)
1949	70·4	52·4	(74)	18·0	(26)	15·2	7·8	(51)	7·4	(49)
1950	77·6	61·5	(79)	16·1	(21)	22·2	12·7	(57)	9·5	(43)
1951	82·6	69·4	(84)	13·2	(16)	24·4	15·9	(65)	8·5	(35)
1952	90·5	76·5	(85)	14·0	(15)	27·1	19·4	(72)	7·7	(28)
1953	94·3	82·1	(87)	12·2	(13)	28·5	20·1	(71)	8·4	(29)
1954	99·8	84·8	(85)	15·0	(15)	33·3	17·8	(53)	15·5	(47)
1955	99·0	80·4	(82)	18·6	(18)	30·9	15·0	(49)	15·9	(51)
1956	103·3	81·7	(79)	21·6	(21)	34·0	17·1	(50)	16·9	(50)
1957	108·2	84·6	(78)	23·6	(22)	40·8	22·9	(56)	17·9	(44)
1958	120·2	94·1	(78)	26·1	(22)	44·3	29·2	(66)	15·1	(34)
1959	129·9	100·8	(78)	29·1	(22)	48·7	33·1	(68)	15·6	(32)
1960	136·1	106·6	(78)	29·5	(22)	53·4	38·4	(72)	15·0	(28)
1961	133·0	105·0	(79)	28·1	(21)	58·7	43·3	(74)	15·4	(26)
1962	137·5	107·9	(78)	29·6	(22)	66·7	49·4	(74)	17·3	(26)
1963	139·7	109·7	(79)	29·9	(21)	70·0	53·9	(77)	16·1	(23)
1964	133·9	107·4	(80)	26·5	(20)	40·9	27·7	(68)	13·2	(32)

70. LIVESTOCK (continued)

(numbers at beginning of year, in millions)

	Total	Sheep State and collective (as % of total)	Private (as % of total)	Total	Pigs State and collective (as % of total)	Private (as % of total)
1965	125.2	99.3 (79)	26.0 (21)	52.8	38.4 (73)	14.5 (27)
1966	129.8	102.2 (79)	27.6 (21)	59.6	41.3 (69)	18.2 (31)
1967	135.5	106.9 (79)	28.6 (21)	58.0	41.5 (72)	16.5 (28)
1968	138.4	109.5 (79)	28.9 (21)	50.9	37.3 (73)	13.6 (27)
1969	140.6	110.9 (79)	29.7 (21)	49.0	36.3 (74)	12.8 (26)
1970	130.7	103.3 (79)	27.4 (21)	56.1	42.2 (75)	13.8 (25)
1971	138.0	109.2 (79)	28.8 (21)	67.5	50.9 (75)	16.6 (25)
1972	139.9	111.6 (79)	28.3 (21)	71.4	55.6 (78)	15.8 (22)
1973	139.1	111.3 (80)	27.7 (20)	66.6	53.3 (80)	13.3 (20)
1974	142.6	115.2 (81)	27.4 (19)	70.0	56.5 (81)	13.6 (19)
1975	145.3	118.0 (81)	27.3 (19)	72.3	58.6 (81)	13.7 (19)
1976	141.4	116.4 (82)	25.0 (18)	57.9	45.7 (79)	12.2 (21)
1977	139.8	115.3 (82)	24.5 (18)	63.1	51.3 (81)	11.8 (19)
1978	141.0	115.9 (82)	25.1 (18)	70.5	55.7 (79)	14.8 (21)
1979	142.6	117.6 (82)	25.0 (18)	73.5	58.7 (80)	14.8 (20)
1980	143.6	118.3 (82)	25.3 (18)	73.9	59.1 (80)	14.8 (20)
1981	141.6	116.0 (80)	25.6 (20)	73.4		
1982	148.0*			73.2	59.4 (81)	14.0 (19)

* Including goats

70. LIVESTOCK (continued)

(*numbers at beginning of year, in millions*)

		Goats State and collective (as % of total)	Private (as % of total)		Horses State and collective (as % of total)	Private (as % of total)
	Total			*Total*		
1916	6·2ˣ			35·8ˣ		
	6·6ʸ			38·2ʸ		
1917	6·3			34·5		
1918	6·5			33·9		
1919	6·4			32·3		
1920	6·2			30·3		
1921	6·1			28·7		
1922	5·5			25·7		
1923	5·1			23·3		
1924	5·4			24·0		
1925	6·0			25·2		
1926	7·3			26·9		
1927	9·0			29·1		
1928	9·7			32·1	(0·7)*	
	10·4ʸ			36·1ʸ		
1929	9·7			32·6	(1·4)*	
1930	7·8			31·0	(15)*	
1931	5·6			27·0	(49)*	
1932	3·8			21·7	(59)*	
1933	3·3			17·3	(70)*	
1934	3·6	0·6 (17)	3·0 (83)	15·4	11·1 (72)	4·3 (28)
1935	4·4	0·7 (16)	3·7 (84)	14·9	12·0 (80)	2·9 (20)
1936	6·1	0·9 (15)	5·2 (85)	15·5	13·6 (88)	1·9 (12)
1937	7·2	1·1 (15)	6·1 (85)	15·9	14·2 (89)	1·7 (11)
1938	9·3	1·3 (14)	8·0 (86)	16·2	14·5 (90)	1·7 (10)
1939	11·0	1·5 (14)	9·5 (86)	17·2	15·6 (91)	1·6 (9)
1940	10·1	2·2 (22)	7·9 (78)	17·7	16·6 (94)	1·1 (6)
1941	11·7	2·9 (25)	8·8 (75)	21·1	17·0 (81)	4·1 (19)

ˣ Pre-1939 boundaries ʸ Present boundaries.
* These figures relate to July of the respective year.

70. LIVESTOCK (continued)

(numbers at beginning of year, in millions)

	Goats			Horses		
	Total	State and collective (as % of total)	Private (as % of total)	Total	State and collective (as % of total)	Private (as % of total)
1946	11·5	4·5 (39)	7·0 (61)	10·7	8·2 (77)	2·5 (23)
1947	11·6	5·1 (44)	6·5 (56)	10·9	8·4 (77)	2·5 (23)
1948	13·5	5·6 (41)	7·9 (59)	11·0	8·6 (78)	2·4 (22)
1949	15·2	6·2 (41)	9·0 (59)	11·8	9·8 (83)	2·0 (17)
1950	16·0	7·2 (45)	8·8 (55)	12·7	11·7 (92)	1·0 (8)
1951	16·4	7·7 (48)	8·6 (52)	13·8	13·3 (96)	0·5 (4)
1952	17·1	7·1 (42)	10·0 (58)	14·7	14·3 (97)	0·4 (3)
1953	15·6	5·5 (35)	10·1 (65)	15·3	15·0 (98)	0·3 (2)
1954	15·7	4·2 (27)	11·5 (73)	15·3	14·8 (97)	0·5 (3)
1955	14·0	2·9 (21)	11·1 (79)	14·2	13·6 (96)	0·6 (4)
1956	12·9	2·1 (16)	10·8 (84)	13·0	12·4 (95)	0·6 (5)
1957	11·6	1·7 (15)	9·9 (85)	12·4	11·8 (95)	0·6 (5)
1958	9·9	1·6 (16)	8·3 (84)	11·9	11·3 (95)	0·6 (5)
1959	9·3	1·5 (16)	7·8 (84)	11·5	10·9 (95)	0·5 (5)
1960	7·9	1·5 (19)	6·4 (81)	11·0	10·4 (95)	0·6 (5)
1961	7·3	1·3 (18)	6·0 (82)	9·9		0·6
1962	7·0	1·2 (17)	5·8 (83)	9·4		0·6
1963	6·7	1·1 (16)	5·6 (84)	9·1		0·6
1964	5·6	1·1 (20)	4·6 (80)	8·5		0·6
1965	5·5	0·9 (16)	4·5 (84)	7·9		
1966	5·5	0·9 (16)	4·7 (84)	8·0		
1967	5·5	0·9 (16)	4·7 (84)	8·0		
1968	5·6	0·9 (16)	4·7 (84)	8·0		
1969	5·5	0·9 (16)	4·6 (84)	8·0		

70. LIVESTOCK (continued)

(*numbers at beginning of year, in millions*)

	Total	Goats State and collective (as % of total)		Private (as % of total)	Horses Total
1970	5·1	0·9	(18)	4·2	(82)	7·5
1971	5·4	1·0	(19)	4·4	(81)	7·4
1972	5·4	1·0	(19)	4·4	(81)	7·3
1973	5·6	1·0	(18)	4·5	(82)	7·1
1974	5·9	1·2	(20)	4·7	(80)	6·8
1975	5·9	1·2	(20)	4·7	(80)	6·8
1976	5·7	1·2	(21)	4·4	(79)	6·4
1977	5·5	1·3	(24)	4·3	(76)	6·0
1978	5·6	1·3	(23)	4·3	(77)	5·8
1979	5·5	1·3	(24)	4·2	(76)	5·7
1980	5·8	1·3	(22)	4·5	(78)	5·6
1981	5·9	1·3	(22)	4·6	(78)	5·6

Sources: *Nar. Khoz. 1961*, 381. 382–3; *1964*, 353–4; *1968*, 394–5; *1969*, 367–9; *1970*, 353; *1975*, 391–2; *1977*, 253–5; *1978*, 245; *1979*, 271; *1980*, 245
Pravda, 24 January 1982
Sel. Khoz. (1935), 511; (1960), 263, 264
Sotsialisticheskoe Stroitel' stvo SSSR (1936), 354
SSSR i Zarubezhnye Strany: stat. sbor. (1970), 99

71. MEAT

	Total production (m. tons) (slaughter weight)	Collective and state farm production (m. tons)	(as % of total)	Private production (m. tons)	State procurements (m. tons) (live weight)	(slaughter weight)
1913	4·1ˣ					
	5·0ʸ					
1917	4·3					
1918					0·1	
1921	3·3					
1924	3·4				0·4	
1928	4·9		(0·5)	1928–32 ⎫		
1929	5·8			ave. ⎪		
1930	4·3			per ⎬		
1931	3·9			year, ⎪		
1932	2·8		(32)	2·1 ⎭	1·2	
1933	2·3			1933–7 ⎫	0·9	
1934	2·0			ave. ⎬	1·1	
1935	2·3			per		
1936	3·7			year,		
1937	3·0			1·1 ⎭	1·3	
1938	4·5			1938–40 ⎫		
1939	5·1			ave. ⎪		
				per ⎬		
1940	3·9ˣ			year, ⎪		
	4·7ʸ	1·3	(28)	3·4 2·2 ⎭	2·2	1·3

ˣ Pre-1939 boundaries   ʸ Present boundaries.

71. MEAT (continued)

	Total production (m. tons) (slaughter weight)	Collective and state farm production (m. tons)	(as % of total)	Private production (m. tons)	State procurements (m. tons) (live weight)	(slaughter weight)
1945	2·6	1·0	(39)	1·6	1·3	
1946	3·1	1·1	(34)	2·0	1·4	
1947	2·5	0·9	(39)	1·6	1·4	
1948	3·1	1·0	(32)	2·1	1·7	
1949	3·8	1·2	(31)	2·6	1·8	
1950	4·9	1·6	(33)	3·3	2·3	1·3
1951	4·7	1·8	(39)	2·9	2·6	
1952	5·2	2·3	(43)	2·9	3·2	
1953	5·8	2·8	(48)	3·0	3·6	2·1
1954	6·3	2·7	(44)	3·6	4·0	
1955	6·3	3·0	(46)	3·3	4·2	
1956	6·6	3·0	(45)	3·6	4·4	
1957	7·4	3·4	(47)	4·0	5·1	
1958	7·7	3·7	(48)	4·0	5·7	3·4
1959	8·7	4·8	(53)	3·9	7·5	4·6
1960	8·7	5·1	(59)	3·6	7·9	4·8
1961	8·7	4·8	(55)	3·9	7·3	4·5
1962	9·5	5·3	(56)	4·2	8·6	5·3
1963	10·2	5·9	(58)	4·3	9·3	5·7
1964	8·3	4·8	(58)	3·5	8·3	5·0
1965	10·0	6·0	(60)	4·0	9·3	5·8
1966	10·7	6·3	(59)	4·4	10·3	6·5
1967	11·5	7·0	(61)	4·5	11·5	7·2
1968	11·6	7·2	(62)	4·4	11·9	7·4
1969	11·8	7·6	(64)	4·2	11·7	7·4
1970	12·3	8·0	(65)	4·3	12·6	8·1
1971	13·3	8·7	(65)	4·6	14·2	9·1
1972	13·6	9·1	(67)	4·5	15·0	9·7
1973	13·5	9·1	(67)	4·4	14·7	9·5
1974	14·6	10·0	(68)	4·6	16·2	10·5
1975	15·0	10·3	(69)	4·7	16·8	10·9
1976	13·6	9·4	(69)	4·2	15·1	9·3
1977	14·7	10·4	(71)	4·3	16·3	10·2
1978	15·5	10·9	(71)	4·6	17·0	10·6
1979	15·5	10·9	(70)	4·6	16·7	10·4
1980	15·0	10·4	(69)	4·6	15·9	9·9
1981	15·2	—	—	—	16·1	10·1

Sources: *Nar. Khoz. 1961*, 305; *1964*, 369; *1968*, 405; *1969*, 298, 373, 379; *1970*, 357, 362, 365; *1975*, 396, 402, 406; *1979*, 275, 278, 280; *1980*, 247, 248, 250
Pravda (24 January 1982)
Sel. 'khoz (1935), 524; (1960), 93, 328–9, 330
SSSR i Zarubezhnye strany: stat. sbor. (1970), 94, 96, 99

	Total production (m. tons)	Collective and state farm production (as % of total)	Private production (m. tons)	State procurements (m. tons)	Average annual yield per cow (kg) Overall Collective and state farms
1917	24·2				
1918					
1921	19·2				
1924	26·2				
1928	31·0			0·7	
1929	29·8				
1930	27·0	(0·6)			
1931	23·4				
1932	20·6	(22)		1·7 1928–32 annual average	
1933	19·2				
1934	20·8				
1935	21·4			4·3 1933–7 annual average	962
1935	21·4				
1936	23·5				
1937	26·1			5·0	
1938	29·0			5·6 1938–40 annual average	
1939	27·2				
1935	24·1ˣ 28·8ʸ			0·2	

72. MILK (continued)

	Total production (m. tons)	Collective and state farm production (m. tons)	(as % of total)	Private production (m. tons)	State procurements (m. tons)	Average annual yield per cow (kg) Overall	Collective and state farms
1940	26·6*						
	33·6ʸ						
1945	26·4	7·5	(23)	26·1	6·5	1185	1124
1946	27·7	4·7	(18)	21·7	2·9		987
1947	30·2	4·9	(17)	22·8	4·9		968
1948	33·4	5·1	(17)	25·1	5·3		1033
1949	34·9	6·3	(19)	27·1	6·7		1148
1950	35·3	7·6	(22)	27·3	7·5		1164
1951	36·2	8·9	(25)	26·4	8·5		1137
1952	35·7	10·4	(29)	25·8	9·4	1370	1148
1953	36·5	11·2	(31)	24·5	10·1		1129
1954	38·2	12·1	(33)	24·4	10·6		1157
1955	43·0	13·5	(35)	24·7	11·3	1389	1201
1956	49·1	17·0	(40)	26·0	13·5		1422
1957	54·7	21·3	(44)	27·8	17·3		1693
1958	58·7	25·3	(46)	29·4	20·5	1755	1930
1959	61·7	27·6	(47)	31·1	22·1		1994
1960	61·7	31·4	(51)	30·3	25·0	1779	2067
1961	62·6	32·6	(53)	29·1	26·3	1744	1938
1962	63·9	34·1	(54)	28·5	27·5	1693	1847
1963	61·2	35·2	(55)	28·7	29·2	1600	1747
		33·9	(55)	27·3	28·5		1584

	Total production (m. tons)	Collective and state farm production (m. tons)	(as % of total)	Private production (m. tons)	State procurements (m. tons)	Average annual yield per cow (kg) Overall	Collective and state farms
1965	72·6	43·9	(60)	28·7	38·7	1853	1987
1966	76·0	45·8	(60)	30·2	40·1	1880	2021
1967	79·9	48·8	(61)	31·1	42·5	1948	2128
1968	82·3	51·0	(62)	31·3	44·0	2026	2229
1969	81·5	51·2	(63)	30·3	43·8	2056	2249
1970	83·0	53·2	(64)	29·8	45·7	2110	2298
1971	83·2	53·9	(65)	29·3	47·1	2105	2281
1972	83·2	54·8	(66)	28·4	48·4	2082	2249
1973	88·3	59·4	(67)	28·9	53·0	2186	2348
1974	91·8	62·7	(68)	29·1	55·8	2242	2402
1975	90·8	62·9	(69)	27·9	56·3	2204	2350
1976	89·7	62·2	(69)	27·5	56·2	2179	2296
1977	94·9	67·3	(71)	27·6	60·8	2294	2440
1978	94·7	67·2	(71)	27·5	60·4	2260	2388
1979	93·3	66·4	(71)	26·9	59·0	2215	2309
1980	90·6	63·8	(70)	26·8	57·2	2143	2223
1981	88·5	—	—	—	55·6	—	—

x Pre-1939 boundaries *y* Present boundaries.

Sources: *Nar. Khoz. 1959*, 320; *1961*, 407; *1964*, 373; *1968*, 408; *1969*, 298; *1970*, 357, 362, 367, 368; *1975*, 396, 402, 408; *1979*, 275, 278, 282; *1980*, 247, 248, 249
Pravda (24 January 1982)
Sel. Khoz. (1935), 563; (1960), 93, 328–9, 330
SSSR i Zarubezhnye Strany: stat. sbor. (1970), 94, 96, 99

73. EGGS

	Total production (mlrd)	Collective and state farm production		Private production (mlrd)	State procurements (mlrd)
		(mlrd)	(as % of total)		
1913	10·2[x] 11·9[y]				
1917	9·5				
1918					0·09
1924	6·7				0·8
1928	10·8		(0·1)		
1929	10·1				1928–32 annual average } 1·4
1930	8·0				
1931	6·7				
1932	4·4		(6)		
1933	3·5				1933–7 annual average } 0·8
1934	4·2				
1935	5·8				
1936	7·4				
1937	8·2				1·4
1938	10·5				
1939	11·5				1938–40 annual average } 2·2
1940	10·2[x] 12·2[y]	0·7	(6)	11·5	2·7

[x] Pre-1939 boundaries   [y] Present boundaries.

73. **EGGS** (continued)

	Total production (mlrd)	Collective and state farm production		Private production (mlrd)	State procurements (mlrd)
		(mlrd)	(as % of total)		
1945	4·9	0·5	(10)	4·4	1·1
1946	5·2	0·5	(9)	4·7	1·2
1947	4·9	0·4	(8)	4·5	0·7
1948	6·6	0·5	(8)	6·1	1·1
1949	9·1	0·9	(10)	8·2	1·4
1950	11·7	1·3	(11)	10·4	1·9
1951	13·3	1·7	(13)	11·6	2·3
1952	14·4	2·0	(14)	12·4	2·4
1953	16·1	2·5	(15)	13·6	2·6
1954	17·2	2·2	(14)	15·0	2·7
1955	18·5	2·3	(13)	16·2	2·9
1956	19·5	2·5	(13)	17·0	3·3
1957	22·3	3·1	(14)	19·2	4·3
1958	23·0	3·4	(15)	19·6	4·5
1959	25·2	4·5	(18)	20·7	5·7
1960	27·4	5·3	(19)	22·1	6·5
1961	29·3	6·3	(22)	23·0	7·4
1962	30·1	7·1	(24)	23·0	8·5
1963	28·5	7·1	(25)	21·4	8·7
1964	26·7	7·0	(26)	19·7	8·3
1965	29·1	9·5	(33)	19·6	10·5
1966	31·7	10·8	(34)	20·9	11·6
1967	33·9	12·6	(37)	21·3	12·9
1968	35·7	14·5	(41)	21·2	14·1
1969	37·2	16·3	(44)	20·9	15·4
1970	40·7	19·0	(47)	21·7	18·1

73. EGGS (continued)

	Total production (mlrd)	Collective and state farm production		Private production (mlrd)	State procurements (mlrd)
		(mlrd)	(as % of total)		
1971	45·1	22·4	(50)	22·7	21·6
1972	47·9	25·5	(53)	22·4	24·3
1973	51·2	29·1	(57)	22·1	27·5
1974	55·5	32·5	(59)	23·0	30·9
1975	57·5	34·8	(61)	22·7	33·1
1976	56·2	35·1	(62)	21·1	32·9
1977	61·2	39·8	(65)	21·4	36·8
1978	64·5	42·2	(65)	22·3	39·3
1979	65·6	43·9	(67)	21·7	41·1
1980	67·8	46·2	(68)	21·6	43·1
1981	70·9	—	—	—	45·2

Sources: *Nar. Khoz. 1959*, 320; *1970*, 357, 362; *1975*, 396, 402; *1979*, 275, 278; *1980*, 247, 248
Pravda (24 January 1982)
Sel. Khoz. (1960), 93, 328–9, 330
SSSR i Zarubezhnye Strany. stat. sbor. (1970) 94, 96, 99

74. WOOL

	Total production (000 tons)	Collective and state farm production (as % of total)	Private production (000 tons)	State procurements (000 tons) (accounting weight)	Average yield per sheep (kg/sheep/annum) Kolkhozy and Overall sovkhozy
1913	180ˣ				
	192ʸ				
1917	154				
1921	113				
1924	130				
1928	182			1928–32 annual average 45	1·9 (kolkhozy)
1929	183				
1930	141				
1931	98	(1·5)			
1932	69				
1933	64	(42)			
1934	65				
1935	79			1933–7 annual average 57	2·5
1936	99				
1937	106				
1938	137			1938–40 annual average 106	
1939	150				

74. WOOL (continued)

	Total production (000 tons)	Collective and state farm production (000 tons)	(as % of total)	Private production (000 tons)	State procurements (000 tons) (accounting weight)	Average yield per sheep (kg/sheep/annum) Overall	Kolkhozy and sovkhozy
1940	151[x] 161[y]						
1945	111						
1946	119						
1947	125						
1948	146						
1949	163						
1950	180	98	(61)	63	120	2·2	2·5
1951	192	75	(68)	36	67		1·9
1952	219	81	(69)	38	74		2·0
1953	235	90	(72)	35	84		2·2
1954	230	106	(73)	40	96		2·3
1955	256	123	(75)	40	120		2·3
1956	261	141	(79)	39	136	2·2	2·2
1957	289	156	(81)	36	153		2·2
1958	322	182	(83)	37	182		2·3
1959	355	199	(85)	36	197	2·4	2·4
1960	357	191	(83)	39	190		2·2
1961	366	207	(81)	49	230		2·6
1962	371	205	(79)	56	246		2·5
1963	373	228	(79)	61	281		2·7
1964	341	253	(78)	69	315	2·7	2·7
		278	(79)	77	354		2·7
		279	(78)	78	358	2·6	2·6
		288	(79)	78	369	2·7	2·7
		289	(78)	82	374	2·7	2·7
		294	(79)	79	380	2·7	2·7
		270	(79)	71	353	2·5	2·5

	Total production (000 tons)	Collective and state farm production (000 tons)	(as % of total)	Private production (000 tons)	State procurements (000 tons) (accounting weight)	Average yield per sheep (kg/sheep/annum) Overall	Kolkhozy and sovkhozy
1965	357	284	(80)	73	368	2·8	2·9
1966	371	295	(80)	76	380	2·9	2·9
1967	395	315	(80)	80	410	2·9	3·0
1968	415	332	(80)	83	429	3·0	3·0
1969	390	307	(79)	83	402	2·8	2·8
1970	419	337	(80)	82	441	3·2	3·3
1971	429	343	(80)	86	457	3·1	3·1
1972	420	333	(79)	87	452	3·0	3·0
1973	433	343	(79)	90	470	3·1	3·0
1974	461	369	(80)	92	507	3·2	3·2
1975	467	373	(80)	94	511	3·2	3·2
1976	435	346	(80)	89	480	3·1	3·0
1977	459	371	(81)	88	512	3·3	3·2
1978	467	376	(81)	91	528	3·3	3·3
1979	472	381	(81)	91	538	3·3	3·3
1980	461	364	(79)	97	526	3·2	3·1
1981	454						

x Pre-1939 boundaries   *y* Present boundaries.

Note. Wool procurements are given in accounting weight, which is reached by converting the physical weight according to zonal norms of the amount of pure fibre obtained from unwashed wool. For example, if a *kolkhoz* has sold to the state 800 kg of wool, with a yield of pure fibre of 38%, when the norm is 35%, the accounting weight is 869 kg (*Nar. Khoz. 1969*, 299n).

Sources: *Nar. Khoz. 1958*, 357; *1959*, 408; *1961*, 407; *1964*, 366, 373; *1968*, 408; *1969*, 373, 377, 382; *1970*, 357, 362, 367, 369; *1975*, 396, 402, 408; *1979*, 275, 278, 282; *1980*, 247, 248, 249
Pravda (24 January 1982)
Sel. Khoz. (1960), 328–9, 330, 111, 369–70, 93
SSSR i Zarubezhnye Strany: stat. sbor. (1970), 96, 99

IV. UNOFFICIAL RECALCULATIONS

75. GROSS AND NET NATIONAL PRODUCT

(factor cost at ruble prices – billion of rubles)

	GNP				NNP*		
Prices of:	1937	1950	1928	Prices of:	1937	1950	1928
1928	141·1	478·4	29·56		137·2	449·1	27·26
1937	215·6	—	81·30		204·5	—	71·64
1940	261·9	—			248·0	—	
1950	322·4	694·1			298·6	641·6	
1955	464·7	1000·3			426·0	915·5	
1958	562·3	1210·4			507·2	1091·9	

* GNP less adjustment for capital repairs and depreciation

Source: Bergson (1963) p.36

75. GROSS AND NET NATIONAL PRODUCT (continued)

(*factor cost at ruble prices – billion of rubles*)

	Bergson (1961)		JASNY		
	Index	*Average annual rate of growth*	*bill. rubles & Index*		*Average annual rate of growth*
1928	64·8		29·8	58	
1937	**100**	4·9	51·1	**100**	6·1
1940	118	5·7	56·4	110	3·2
1944	108	−2·2			
1948	117	1·9	54·7	107	−0·4
1949	129	10·3			
1950	146	13·2	72·8	142	15·3
1951	161	10·3			
1952	175	8·7	90·7	177	11·8
1953	186	6·3			
1954	196	5·4			
1955	217	10·7	111·5	218	7·1

Sources: Jasny (1961), p.444, 445; in 1927/28 rubles prices
Bergson (1961), p.180 – Index numbers of 'Real' National Income in 1950 ruble prices

	GNP bill. rubles	% increase over previous year	GNP bill. rubles	% increase over previous year		GNP bill. rubles	% increase over previous year	NNP bill. rubles	% increase over previous year
1928	123·7	—	120·3	—	1947	220·5	11·1	207·2	11·5
1929	127·0	2·7	123·3	2·5	1948	250·7	13·7	236·5	14·1
1930	134·5	5·9	130·4	5·8	1949	277·7	10·8	262·4	11·0
1931	137·2	2·0	132·5	1·6	1950	304·3	9·5	287·5	9·6
1932	135·7	−1·1	130·4	−1·6	1951	327·1	7·5	308·1	7·2
1933	141·3	4·1	135·5	3·9	1952	351·8	7·6	330·4	7·2
1934	155·2	9·8	148·7	9·7	1953	374·6	6·5	351·1	6·3
1935	178·6	15·1	171·3	15·1	1954	404·1	7·9	378·5	7·8
1936	192·8	7·9	184·6	7·8	1955	441·6	9·3	413·5	9·2
1937	212·3	10·1	202·9	9·9	1956	483·4	9·5	451·8	9·3
1938	216·1	1·9	205·5	1·3	1957	514·0	6·3	478·3	5·9
1939	229·5	6·2	217·9	6·0	1958	558·9	8·7	518·7	8·4
1940	250·5	9·2	236·9	8·7	1959	594·3	6·3	549·1	5·9
1945	199·0	−21·0	186·9	−21·1	1960	627·0	5·5	577·0	5·1
1946	199·0	−0·3	185·9	−0·5	1961	664·4	5·9	610·6	5·8

Source: Moorsteen & Powell (1966), pp. 622–4

77. GNP in CURRENT PRICES
(billion rubles) and index of per capita GNP

		Index			*Index*
1928*	32·9	39·7/67·2	1950	911·7	137
1937	280·7	100	1955	1183·9	182
1940	435·2	103	1958	1552·0	218
1944	449·3	114	1962	1994·0	244

* The first figure for 1928 is in 1928 weights and the second in 1937 weights
Source: Wiles (1966) p. 628

78. GNP INDICES – END USE
(*Factor Cost, 1970 = 100 1970 prices*)

	Index	% increase over previous year		Index	% increase over previous year
1950	34·1	— ⎤	1966	81·7	6·0 ⎤
1951	35·5	4·1 ⎥	1967	85·5	4·7 ⎥
1952	37·5	5·6 ⎥	1968	90·5	5·8 ⎬ 5·3
1953	39·5	5·3 ⎬ 5·8	1969	93·0	2·8 ⎥
1954	41·6	5·3 ⎥	1970	**100·0**	7·5 ⎦
1955	45·3	8·9 ⎦	1971	104·3	4·3 ⎤
1956	48·7	7·5 ⎤	1972	106·1	1·7 ⎥
1957	51·7	6·2 ⎥	1973	113·7	7·2 ⎬ 3·7
1958	55·7	7·7 ⎬ 6·0	1974	118·1	3·9 ⎥
1959	58·7	5·4 ⎥	1975	120·1	1·6 ⎦
1960	60·7	3·4 ⎦	1976	125·4	4·4 ⎤
1961	64·4	6·1 ⎤	1977	129·7	3·4 ⎬ 3·7
1962	66·7	3·6 ⎥	1978	133·8	3·2 ⎦
1963	66·6	−0·1 ⎬ 4·9			
1964	72·7	9·2 ⎥			
1965	77·1	6·1 ⎦			

Source: H. Block (1979), p. 136

79. GROWTH RATE OF END USE GNP
(estimated and current prices – billion rubles)

	Domestic (billion rubles)	% increase over previous year		Disposable* GNP (billion rubles)	% increase over previous year
1955	115·8	—		124·8	—
1956	126·6	9·3		132·8	6·4
1957	139·3	10·0		145·4	9·5
1958	153·7	10·3	8·6	160·0	10·0
1959	167·4	8·9		172·5	7·8
1960	174·7	4·4		184·2	6·8
1961	187·0	7·0		189·2	2·7
1962	200·6	7·3		204·5	8·1
1963	214·7	7·0	7·3	214·5	4·9
1964	235·0	9·5		229·6	7·0
1965	248·2	5·6		252·8	10·1
1966	273·5	10·2		278·0	9·9
1967	302·4	10·6		305·6	9·9
1968	332·5	10·0	9·4	337·9	10·6
1969	350·4	5·4		363·1	7·5
1970	387·8	10·7		397·8	9·6
1971	409·3	5·5		420·8	5·8
1972	437·2	6·8		436·7	3·8
1973	466·9	6·8	6·4	470·8	7·8
1974	494·9	6·0		497·6	5·7
1975	528·8	6·8		529·2	6·4

* Gross of net foreign trade balance in internal ruble prices.
For most of the period disposable GNP exceeds domestically earned GNP because the Ministry of Foreign Trade's receipts from the sale of imports at domestic prices have exceeded the Ministry's outlays for the purchase of exports in domestic prices.

Note. The estimates of GNP are close to the series in current established prices. If official wholesale price index were applied 'the results would not be much different for the effort involved'.

Source: Lee (1979) pp. 410, 411, 416, 421

80. TOTAL GROSS AND NET CAPITAL STOCK
(*January 1 – billion rubles in 1950 prices*)

| | *Fixed Capital* | | | | | *Total* | |
	Gross	*% increase over previous year*	*Net*	*Inventories*	*Livestock*	*Gross*	*Net*
1928	414·9	—	283·2	95·9	90·6	601·4	469·7
1929	440·7	6·2	299·7	99·2	88·9	628·8	487·8
1930	472·1	7·1	322·7	97·1	73·7	642·9	493·5
1931	518·0	9·7	359·2	111·6	56·9	686·5	527·7
1932	567·9	9·6	397·8	130·2	44·4	742·5	572·4
1933	618·8	8·9	436·1	123·8	37·0	779·6	596·9
1934	662·8	7·1	466·8	134·4	38·3	835·5	639·5
1935	713·0	7·6	502·1	145·2	46·0	904·2	693·4
1936	775·7	8·8	548·2	177·8	60·1	1013·6	786·1
1937	861·1	11·0	615·4	174·6	60·8	1096·5	850·8
1938	935·7	8·7	669·8	194·8	67·2	1197·7	931·8
1939	1007·0	7·4	720·6	206·3	71·3	1284·6	998·2
1940	1132·0	12·4	808·1	227·8	72·2	1432·0	1108·1
1941	1260·3	11·3	895·3	235·5	78·1	1573·9	1208·9
1944	1012·7	−19·6					
		6	681·0	184·9	40·0	2811·5	905·9
1945	1039·5	2·6	691·0	188·3	51·3	1279·1	930·6
1946	1071·5	3·1	705·8	194·2	55·0	1320·7	955·0
1947	1116·8	4·2	733·9	204·5	54·0	1375·3	992·4
1948	1172·2	4·9	770·9	235·7	57·3	1464·2	1063·9
1949	1247·1	6·4	823·4	239·1	64·1	1550·3	1126·6
1950	1343·5	7·7	893·0	274·0	70·6	1688·1	1237·6

80. TOTAL GROSS AND NET CAPITAL STOCK (continued)
(*January 1 – billion rubles in 1950 prices*)

	Gross	Fixed Capital % increase over previous year	Net	Inventories	Livestock	Total Gross	Net
1951	1457·4	8·5	979·8	294·7	72·3	1824·4	1346·8
1952	1585·5	8·8	1075·7	331·2	76·3	1993·0	1483·2
1953	1717·7	8·3	1175·6	366·0	76·1	2159·8	1617·7
1954	1861·7	8·4	1284·7	389·3	78·4	2329·4	1752·4
1955	2025·8	8·8	1411·2	386·1	77·1	2489·0	1874·4
1956	2214·2	9·3	1558·4	394·8	79·2	2688·2	2032·4
1957	2418·1	9·2	1727·8	440·0	83·7	2941·8	2251·5
1958	2645·9	9·4	1912·0	470·2	89·6	3205·7	2471·8
1959	2902·4	9·7	2120·8	537·0	94·9	3534·3	2752·7
1960	3186·9	9·8	2348·8	600·5	99·1	3886·5	3048·4
1961	3493·0	9·6	2589·3	649·2	101·1	4243·3	3339·6
1962	3809·5	9·1	2837·7	715·9	108·0	4633·4	3661·6
1960[1]	319	—	235	60	10	389	305
1961[1]	349	—	259	65	10	424	334
1966[1]	532	52·4	397	89	11	632	497
1971[1]	780	46·6	565	121	12	913	698
1973[1]	898	15·1	642	140	12	1050	794

[1]Powell (1979), p.69, in new rubles
Percentage change refers to the preceding year end date as given in the table.
Source: Moorsteen and Powell (1966), pp. 323, 337, 338, 341

81. ANNUAL INVESTMENT IN FIXED CAPITAL AND INVENTORIES
(billion rubles – 1950 prices)

	Fixed Capital					Fixed Capital		
	Gross	% change over previous year	Net	Inventories		Gross	% change over previous year	Net	Inventories
1928	25·7	–	16·5	3·3	1946	56·3	33·1	28·1	10·3
1929	33·2	29·2	23·0	2·1	1947	66·4	17·9	36·9	31·2
1930	47·7	43·7	36·5	14·5	1948	83·9	26·4	52·6	3·4
1931	51·6	8·2	38·6	18·6	1949	103·2	23·0	69·6	34·9
1932	52·7	2·1	38·3	−6·4	1950	123·7	19·9	86·8	20·7
1933	45·7	−13·3	30·7	10·6	1951	137·3	10·9	95·9	36·5
1934	52·0	13·8	35·3	10·9	1952	146·4	6·6	99·9	34·8
1935	64·5	24·0	46·1	32·5	1953	160·1	9·4	109·1	23·3
1936	87·7	35·9	67·2	−3·2	1954	181·9	13·6	126·4	−3·2
1937	77·6	−11·5	54·4	20·2	1955	208·4	14·6	147·2	8·7
1938	76·4	−1·5	50·8	11·5	1956	237·3	13·9	169·5	45·2
1939	76·9	0·7	49·0	10·6	1957	260·4	9·7	184·2	30·2
1940	74·2	−3·5	44·3	−3·5	1958	294·3	13·0	208·8	66·8
1944	37·2	−51·5 (from 1940)	9·9	3·4	1959	323·6	9·9	228·0	63·5
1945	42·3	13·7	14·9	5·9	1960	345·6	6·8	240·6	48·7
					1961	365·2	5·7	248·3	66·7

Source: Moorsteen and Powell (1966), p. 360

82. FIXED INVESTMENT
(all sectors, 1970 = 100)

	Index	% change over previous year		Index	% change over previous year
1950	18·5	—	1966	74·8	1·4
1951	22·1	19·5	1967	77·4	3·5
1952	21·5	−6·7	1968	82·5	6·6
1953	24·8	15·3	1969	88·2	6·9
1954	26·9	8·5	1970	**100·0**	13·4
1955	32·5	20·8	1971	103·7	3·7
1956	36·8	13·2	1972	107·3	3·5
1957	41·7	13·3	1973	116·5	8·6
1958	45·9	10·1	1974	124·1	6·5
1959	50·7	10·5	1975	131·0	5·6
1960	52·9	4·3			
1961	59·2	11·9			
1962	60·9	2·8			
1963	54·7	−10·2			
1964	68·1	24·5			
1965	73·8	8·4			

Source: Greenslade (1976), p.275

83. INVESTMENT SHARE IN NATIONAL PRODUCT

Gross Investment as % of GNP and Net Investment as % of NNP
(*1937 prices*)

	Gross *Investment (%)*	*Net* *Investment (%)*		*Gross* *Investment (%)*	*Net* *Investment (%)*
1928	8·4	5·8	1946	15·1	9·4
(1928[1]	20·3	15·1)[1]	1947	20·5	15·4
1929	2·9	0·0	1948	18·5	13·6
1930	10·4	7·6	1949	24·3	19·9
1931	14·4	11·3	1950	21·6	16·9
1932	9·4	5·7	1951	24·4	19·7
1933	16·0	12·4	1952	22·9	17·9
1934	18·8	15·2	1953	21·9	16·7
1935	26·2	23·1	1954	19·6	14·2
1936	18·5	14·9	1955	22·9	17·6
1937	21·1	17·5	1956	27·8	22·7
(1937	40·5	34·5)[1]	1957	26·2	20·7
1938	18·5	14·3	1958	30·7	25·3
1939	15·6	11·1	1959	30·6	24·9
1940	12·3	7·6	1960	28·8	22·6
1945	13·4	7·8	1961	30·6	24·2

[1]In 1928 prices

Source: Moorsteen and Powell (1966), p. 364

84. DEFENCE EXPENDITURE
(*billion rubles*)

	Official (current rubles)	*Lee (current rubles)*	*CIA (1970 rubles)*	*Cohn (1970 rubles)*	*French (current rubles)*
1960	9·30	15·5–16·5	24–30	17·9–18·9	n.a.
1965	12·78	25·5–26·5	31–37	28·6–29·5	n.a.
1970	17·85	42·5–49·0	40–45	35·4	33·9
1971	17·85	46·5–53·5	42–47	38·6–39·3	35·4
1972	17·90	51·0–58·5	43–48	35·4–36·6	37·0
1973	17·85	56·5–64·5	46–51	38·4–40·4	39·7
1974	17·65	60·5–69·5	48–53	39·7–41·5	40·6
1975	17·43	66·5–76·0	50–55	–	42·3

Source: Leggett and Rabin (1978), p. 561

85. INDUSTRIAL PRODUCTION
(*1928 = 100*)

	Jasny	Hodgman	Seton	Kaplan–Moorsteen (Civilian)	Nutter Total	Civilian
1928	**100**	**100**	**100**	**100**	**100**	**100**
1932	165	172	181	154	140	140
1937	287	371	380	249	279	261
1940	350	430	462	263	312	267
1946	236	304	365	168	183	156
1950	470	646	733	369	385	387
1951		743				
1952		807				
1953		891				
1955	775[1]		1210	583	608	563

[1] Commented upon and added to the index for 1955 from N. Jasny (1962), pp. 68 and 72 and for 1951, 1952 and 1953 from Hodgman (1954), p. 134. The latter index is for large-scale industry but adjusted for coverage and for later years it takes into account a smaller number of products.

Source: as given in Nutter (1962), p. 158

86. FINAL INDUSTRIAL PRODUCT
(*billion rubles and % annual change*)

	1928 prices	% change over previous year	1937 prices	% change over previous year	1950 prices	% change over previous year
1928	10·7	–	38·2	–	92·5	–
1929	13·3	24·3	43·5	13·9	107	15·7
1930	16·5	24·1	46·7	7·4	116	8·4
1931	19·8	20·0	51·9	11·1	126	8·6
1932	20·8	5·1	50·3	−3·1	122	−3·2
1933	20·5	−1·4	48·3	−4·0	115	−5·8
1934	24·7	20·5	53·4	10·6	126	9·6
1935	33·8	36·8	70·1	31·2	161	27·8
1936	43·1	27·5	81·8	16·7	186	15·5
1937	47·0	9·0	91·0	11·2	204	9·7
1938	53·8	14·5	101·0	10·9	223	9·3
1939	61·4	14·1	121	19·8	258	15·7
1940	64·0	4·2	117	−3·3	244	−5·4
1944	59·9	−6·4 (from 1940)	108	−7·7 (from 1940)	171	−29·9 (from 1940)
1945	56·7	−5·3	97·1	−10·1	148	−13·4
1946	50·8	−10·4	87·4	−10·0	162	9·5
1947	56·0	10·2	99·1	13·4	192	18·5
1948	63·6	13·6	113	14·0	227	18·3
1949	79·1	24·4	139	23·0	288	26·8
1950	88·3	11·6	151	8·6	319	10·8
1951	95·4	8·0	171	13·2	360	12·9
1952	103	8·0	187	9·4	386	7·2
1953	115	11·7	206	10·2	436	12·9
1954	117	1·7	208	0·9	451	3·4
1955	139	18·8	241	15·9	512	13·5
1956	161	15·8	273	13·2	581	13·5
1957	171	6·2	291	6·6	628	8·1
1958	190	11·1	329	13·1	707	12·6

Source: Powell (1963), p. 178–9

87. INDUSTRIAL OUTPUT – CIVILIAN & MUNITIONS
(1937 prices)

Index
1937 = 100

	Index	Civilian % change over previous year	Munitions Index	Munitions industries % increase over previous year		Index	Civilian % increase over previous year	Munitions Index	Munitions industries % increase over previous year
1928	40·2	—	4	—	1947	82·6	22·6	245	−11
1929	46·4	15·4	5	25	1948	106·4	28·8	230	−6
1930	55·3	19·1	6	20	1949	129·4	21·6	230	0
1931	59·4	7·4	6	—	1950	148·4	14·7	240	4
1932	61·7	3·9	6	—	1951	167·4	12·8	285	19
1933	65·0	5·3	16	167	1952	177·5	6·0	315	11
1934	73·5	13·1	35	119	1953	195·1	9·9	300	−5
1935	84·8	15·4	60	71	1954	218·7	12·1	320	7
1936	98·1	15·7	80	33	1955	243·4	11·3	360	13
1937	100·0	1·9	100	25	1956	272·1	11·8	370	3
1938	101·6	1·6	145	45	1957	296·2	8·9	380	3
1939	105·0	3·3	205	41	1958	325·1	9·8	395	4
1940	105·6	0·6	280	37	1959	350·7	7·9	400	1
1945	54·3	−48·6 (from 1940)	420	50 (from 1940)	1960	369·7	5·4	430	8
1946	67·4	24·1	275	−35	1961	391·9	6·0	545	27

Source: Moorsteen and Powell (1966), pp. 622–624

88. TOTAL INDUSTRIAL OUTPUT
(*1970 = 100*)

	Index	% increase over previous year		Index	% increase over previous year
1950	20·4	—	1966	78·0	5·8
1951	22·7	11·3	1967	83·8	7·4
1952	24·6	8·4	1968	89·6	7·2
1953	27·3	11·0	1969	94·0	4·9
1954	30·2	10·6			
1955	33·6	11·3	1970	**100·0**	6·4
1956	37·1	10·4	1971	106·9	6·9
1957	41·2	11·1	1972	112·0	4·8
1958	45·8	11·2	1973	119·0	6·3
1959	50·4	10·0	1974	126·5	6·3
1960	53·6	6·3	1975	133·5	5·5
1961	56·9	6·2	1976	138·5	3·7
1962	61·3	7·7	1977	144·1	4·0
1963	64·7	5·5	1978	149·5	3·7
1964	68·8	6·3			
1965	73·7	7·1			

Source: Block (1979), p.135

89. GROSS AGRICULTURAL PRODUCTION

	Moorsteen & Powell Index	% change over previous year	Jasny	Wiles		Moorsteen & Powell Index	% change over previous year	Wiles
1928	92.2	—			1947	104.4	27.3	124
1929	86.0	-6.7			1948	115.4	10.5	
1930	81.4	-5.3			1949	117.9	2.2	
1931	74.3	-8.7			1950	116.9	-0.2	128
1932	66.5	-10.0			1951	110.3	-5.4	
1933	72.9	9.6			1952	118.0	7.0	
1934	77.4	6.2			1953	122.2	3.5	132
1935	91.0	17.6			1954	125.2	2.5	
1936	81.8	-10.0			1955	139.9	11.7	157
1937	**100.0**	22.2	**100**	**100**	1956	161.2	15.2	
1938	92.0	-8.0	118	108	1957	161.4	0.1	
1939	92.8	0.1	112		1958	178.7	10.7	199
1940	110.9	19.5	115[1]	114	1959	180.5	1.0	193
1945	74.8	-32.6	69		1960	182.9	1.3	197
1946	82.0	(over 1940) 9.6			1961	188.2	2.9	202
					1962	n.a.		213
			77	86	1950			
				85	1951			
					1963			184

[1] Old territory

Sources: Moorsteen and Powell (1966), pp. 622–4; given as a component part of the derived GNP, 1937 prices base. It estimates agricultural output in 1937 as 63 billion rubles
Jasny (1949), pp. 65–9, 775 1926–27 prices used
Wiles (1966), p. 614

90. GROSS AGRICULTURAL OUTPUT
(*1970 = 100*)

	Index	*% change over previous yr.*		Index	*% change over previous yr.*
1950	48·3	–	1966	87·3	7·4
1951	45·3	−6·2	1967	85·6	−1·5
1952	47·2	4·2	1968	90·1	5·2
1953	50·0	5·9	1969	87·0	−3·4
1954	51·9	3·8	1970	**100·0**	14·9
1955	59·0	13·7	1971	99·1	−0·9
1956	66·2	12·2	1972	90·4	−8·8
1957	68·5	3·5	1973	105·3	16·5
1958	73·3	7·0	1974	102·2	−2·9
1959	72·7	−0·8	1975	90·4	−11·5
1960	72·1	−0·8	1976[1]	97·9	8·3
1961	78·8	9·3	1977[1]	101·0	7·3
1962	75·6	−4·1	1978[1]	102·5	1·5
1963	63·4	−16·2			
1964	77·3	21·9			
1965	81·3	5·2			

[1] Block (1979), p. 135

Source: Greenslade (1976), p. 271 – a component part of GNP by sector of origin (Factor Cost)

91. NET AGRICULTURAL PRODUCTION

	Index Total	% change over previous year	Crops Index	% change over previous year	Livestock Index	% change over previous year
1950	57	0	71	–	44	–
1951	53	–6·4	58	–18·3	48	9·1
1952	56	6·0	69	19·0	45	–6·2
1953	59	5·4	67	–2·9	52	15·6
1954	61	3·8	69	3·0	55	5·8
1955	70	13·8	80	15·9	61	10·9
1956	78	12·2	93	16·2	66	8·2
1957	81	3·1	86	–7·5	76	15·2
1958	88	8·2	96	11·6	80	5·3
1959	86	–1·5	85	–11·5	88	10·0
1960	87	·9	86	1·2	88	0·0
1961	94	8·1	94	9·3	94	6·8
1962	92	–2·6	88	–6·4	95	1·1
1963	80	–12·8	81	–8·0	78	–17·9
1964	97	20·9	108	33·3	86	10·3
1965	**100**	3·5	**100**	–7·4	**100**	16·3
1966	109	9·4	116	16·0	103	3·0
1967	109	–0·6	117	0·9	101	–1·9
1968	115	5·6	126	7·7	105	4·0
1969	110	–3·8	114	–9·5	107	1·9
1970	126	13·6	131	14·9	121	13·1
1971	126	0·1	129	–1·5	122	0·8
1972	116	–7·8	116	–10·0	116	–4·9
1973	–	15·0	–	28·9	–	3·1
1974	–	1·2	–	–12·9	–	10·9
1975	–	–7·4	–	8·9	–	–6·3
1976	–	7·2	–	21·7	–	–2·9
1977	–	4·5	–	4·5	–	11·8
1978	–	3·0	–	9·3	–	1·8

Sources: Diamond & Krueger (1973), pp. 335–6 (for 1950–72 period)
Carey and Havelka (1979), p.83 only % increase over previous year reproduced here

92. OUTPUT OF GRAIN
(*m. tonnes*)

	All grains[1]	*Wheat*	*Rye*	*Maize*	*Sunflower Seed (000 tonnes)*
1950	81·2	31·1	18·0	6·6	1798
1955	103·7	47·3	16·5	11·6	3797
1960	93·0	47·6	12·1	7·3	3650
1961	109·5	55·6	14·0	14·3	4373
1962	109·0	55·0	13·2	12·1	4411
1963	92·0	42·5	10·2	9·5	3942
1964	120·0	58·7	10·7	10·9	5573
1965	100·0	49·3	13·4	6·6	5013
1966	140·0	82·2	10·8	6·9	5650
1967	122·0	63·9	10·7	7·6	6079
1968	134·6	74·3	11·2	7·0	6150
1969	128·0	63·0	8·6	9·4	5849
1970	149·9	80·1	10·4	7·6	5652
1971	148·3	80·8	10·5	7·0	5210
1972	134				5000

[1] Estimate of usable grain. Net usable grain is estimated as the official gross output minus excess moisture, unripe and damaged kernels, weed seeds and post-harvest losses incurred in the loading and unloading of grain between the combine and storage facilities. Estimates of net production of grain have reflected a reduction of between 14% (1963) and 26% (1960) in the official claims for gross output of grain. Figures for 1950 and 1955 do not differ from the amount officially reported.

Source: Diamond and Krueger (1973), pp. 337–9.

(m. tonnes)

	All grains (Carey, 1976)	(Carey and Havelka, 1979)	Wheat (Carey, 1976)	(Carey and Havelka, 1979)	Rye (Carey, 1976)	(Carey and Havelka, 1979)	Maize (Carey, 1976)	(Carey and Havelka, 1979)
1960	68·8		34·6		8·0		6·4	
1961	85·4		42·3		10·3		13·5	
1962	83·0		40·8		9·5		10·8	
1963	64·1		28·1		6·2		8·4	
1964	91·9		43·9		6·8		10·0	
1965	72·8	84·7	33·9	39·8	9·6	11·1	5·9	6·6
1966	113·5	130·6	66·9	76·9	7·5	8·8	6·1	6·9
1967	96·1	106·6	49·1	54·6	7·7	8·6	6·8	7·4
1968	109·2	129·9	59·6	70·9	8·2	9·9	6·3	7·4
1969	100·9	114·2	47·7	54·2	5·8	6·6	8·7	9·7
1970	124·7	135·7	65·7	71·5	7·9	8·7	6·9	7·4
1971	123·4	136·7	66·8	74·0	8·3	9·2	6·3	6·9
1972	108·6	126·1	55·4	64·3	5·4	6·4	7·1	8·2
1973	144·6	165·0	70·7	80·8	6·7	7·7	9·4	10·6
1974	129·6	142·3	53·8	59·2	9·8	10·7	9·0	9·8
1975	84·4	100·5	38·9	46·5	5·3	6·3	5·2	6·0
1976		166·9		70·1		10·2		8·1
1977		146·6		68·3		9·3		9·2
1978		181·6		93·7		10·0		7·4

* Net production is the approximation of the value of farm output available for sale and home consumption. Deductions are made to account for the inter-agricultural uses of farm products such as feed and seed. Data for grain and sunflower seed production have been discounted to reflect waste and losses in handling. (Estimates in 1979 source for grain are adjusted less than in the 1976 source.)

Sources: Carey, (1976), pp. 597–9
Carey and Havelka (1979)

94. CONSUMPTION
(per capita)

	Total (Bergson)	Household only	Annual average % increase		Total	Household Only	% increase over previous year
1928	90·5	82·2		1956	59·5	58·7	4·3
1937	100·0	100·0		1957	63·4	63·4	8·0
1940				1958	65·9	65·7	3·6
1944			1·6	1959	68·4	68·2	3·8
1948				1960	70·2	69·9	2·5
1949				1961	70·8	70·5	0·9
1950		118·0		1962	72·8	72·5	2·8
1951				1963	73·5	72·8	0·4
1952				1964	75·3	74·4	2·2
1953				1965	79·6	78·8	5·9
1954				1966	83·6	82·7	4·9
1955		158·0	6·0	1967	87·7	87·1	5·3
	(Schroeder and Severin)			1968	91·3	90·9	4·4
				1969	96·1	95·9	5·5
1950	44·3	43·2		1970	100·0	100·0	4·3
1955	57·0	56·3	5·4	1971	103·8	104·0	4·0
				1972	105·5	105·5	1·4
				1973	110·2	110·4	4·6
				1974	113·4	113·6	2·9
				1975	116·8	117·0	3·0

Note. 'Household only' excludes communal service
Source: Bergson (1961), p. 252, 255, composite base of 1937
Schroeder and Severin (1976), p. 646 for years after 1950 in 1970 prices and weights

95. INCOME DISTRIBUTION – STATE EMPLOYEES

	Individuals		Families	Family income per head (Wiles)
	1958	1967	1967	1966
Mean (Rubles)	48·4	62·6	65·7	
Median (Rubles)	39·2	56·3	59·2	
As % of median:				
1st decile	46·66	57·73	58·70	26·3
1st quartile	68·11	76·55	77·36	
3rd quartile	140·31	130·90	133·61	
9th decile	190·56	179·40	176·86	98·5
Decile Ratio (1st/9th)	4·1	3·1	3·0	3·74

THE DISTRIBUTION OF EARNINGS

	1956	1957	1959	1961	1966	(Wiles) 1966[1]	1968	1970
Mean (R)	69·6	73·9	79·2	83·1	93·9	—	110·9	115·5
Median (R)	62·2	66·3	70·4	70·2	87·4	—	101·3	101·4
As % of median:								
1st decile	40·7	40·0	47·6	47·4	57·9	50·0	61·0	58·6
1st quartile	62·9	60·9	66·0	69·6	72·9	—	77·0	76·0
3rd quartile	150·6	150·2	147·7	143·8	139·1	—	132·3	142·8
9th decile	200·0	202·1	201·1	203·0	190·3	160·0	169·8	184·3
d_9/d_1	4·9	5·1	4·2	4·3	3·3	3·26	2·8	3·1
q_3/q_1	2·4	2·5	2·2	2·1	1·9	—	1·7	1·9
	1928	1934	1946	1956	1964	1966	1968	1970
Decile Ratio of earnings (Wiles)	3·82	4·15	7·24	4·4	3·7	3·2	2·7	3·2

Sources: McAuley (1979), p.65, 222, except when indicated Wiles; Wiles (1975), p.120, 126 – the same source gives for U.K. Decile Ratios in 1966 3.4 gross at a much heavier income-tax: the net decile ratio is estimated as 2·9

96. REAL ANNUAL WAGES – NON-AGRICULTURAL
(wage earners and salaried employees)

	Gross			Net of taxes & bonds			Net of taxes and bonds but incl. benefits	
	A	B	C	A	B		A	B
1928	118·0	173	166	120	175		116	165
1937	**100**	**100**	**100**	**100**	**100**		**100**	**100**
1940	94	98	87	90	94		90	94
1944	87	—		65	—		74	
1948	70	78	75	63	70		69	76
1950			100					
1952	120	130	116	106	115		109	118
1954	146	154	136	136	144		138	145
1955			133					

A given year prices
B 1937 prices
C 1928 prices

Source: Chapman (1963), p. 144 except where shown
Jasny (1961), p. 447

97. HOUSING
(Constructed and restored – million square metres)

Private Urban

1928	—
1929–32	6·1
1933–37	5·0
1938–41 (1st half)	7·6
1941 (2nd half)	8·5
1946	4·8
1947	6·4
1948	6·4
1949	6·4
1950	6·4
1951	7·3
1952	7·4
1953	7·6
1954	8·1
1955	8·4
1956	11·5
1957	13·5
1958	24·5
1959	27·2
1960	27·0
1961	23·4

Source: Moorsteen and Powell (1966), p. 88

98. PRICES

	Retail Price Index State and Cooperative Stores	Food only (Karcz)	Cost of Living Index (current year weights)	Collective Farm market prices (Karcz)
1928	—	**100**	14·3	**100**
1929				148
1931	19·7			
1932	36·4			
1933	54·5			
1934	64·3			
1935	83·2			
1936	94·2			
1937	**100**			
1938	**100**			
1939	102			
1940	126			
1944	149	637		2056
1945	168	536		1228
1946	237	536		856
1947	346	536	**100**	997
1948	300			885
1949	268			1034
1950	222	255		1453
1951	206			2371
1952	198		294	1600
1953	180		202	664
1954	170		178	
1955	170			
1956	171			
1957	171		136	
1958	175			
1959	174			
1960	173			

99. RETAIL PRICES

	Moorsteen & Powell			Howard Minimum	Maximum
1928	13·5	1955		**100·0**	**100·0**
1929	14·5	1956		101·9	102·5
1937	102	1957		104·8	108·1
1938	99	1958		106·7	107·8
		1959		106·1	107·3
1940	103				
1941	125	1960		106·0	108·0
		1961		104·5	105·7
1945	150	1962		107·2	108·0
1948	270	1963		108·7	108·9
1949	266	1964		108·3	108·9
1950	244	1965		109·6	111·6
1951	205	1966		108·7	110·4
1952	194	1967		109·5	112·0
1953	190	1968		110·1	113·5
1954	178	1969		111·3	115·3
1955	173	1970		112·3	117·3
1956	173	1971		114·1	120·5
		1972		115·1	122·6

Sources: Moorsteen and Powell (1966), p.565. Based on 1937 prices and given as the average of unadjusted and adjusted for turnover tax
Howard (1976), p.600

100. AGRICULTURAL PROCUREMENT PRICES
(*1937 Average = 100*)

	Index (January 1)		Index (January 1)
1928	29·5	1946	101
1929	33·7	1947	102
1930	37·3	1948	103
1931	41·4	1949	104
1932	45·8	1950	161
1933	50·7	1951	161
1934	56·2	1952	161
1935	62·2	1953	186
1936	90·3	1954	240
1937	100	1955	293
1938	100	1956	326
1939	100	1957	367
1940	101	1958	392
1941	101	1959	420
1944	—	1960	425
1945	100		

Source: Moorsteen and Powell (1966), p.572

101. THE PRICE LEVEL OF SOVIET MACHINERY
(*1960 = 100*)

1958	Official	Estimated
1958	96	92
1959	—	
1960	**100**	**100**
1961	96·1	102
1962	96·6	104
1963	96·6	106
1964	93·3	108
1965	93·3	110
1966	90·1	113
1967	89	113
1968	89	113
1969	87	114
1970	85	115

Source: Becker (1974), pp. 365, 378

102. VOLUME INDEX OF EXPORTS AND IMPORTS
(*1913 = 100 — Composite Index*)

Year	Exports	Imports	Year	Exports	Imports
1917	6·9	176·3	1943	4·3	15·5
1918	0·5	7·7	1944	6·6	16·5
1919	0·0	0·2	1945	15·5	20·0
1920	0·1	2·1	1946	27·2	49·4
1921	1·3	15·3	1947	30·0	43·9
1922	5·4	19·6	1948	51·1	64·3
1923	14·3	10·4	1949	58·2	72·4
1924	22·2	18·9	1950	80·7	82·0
1925	25·1	37·8	1951	94·6	101·4
1926	32·2	33·8	1952	114·2	123·4
1927	34·7	38·9	1953	120·0	133·1
1928	37·7	49·4	1954	132·6	154·4
1929	44·4	48·3	1955	142·3	149·2
1930	57·0	72·1	1956	150·7	173·8
1931	61·4	82·4	1957	179·2	186·7
1932	53·7	59·1	1958	184·2	223·8
1933	49·8	39·1	1959	242·9	269·7
1934	43·2	24·0	1960	242·6	290·1
1935	38·0	26·3	1961	265·7	299·4
1936	28·6	30·3	1962	311·8	334·6
1937	30·0	27·8	1963	321·7	364·3
1938	26·2	32·3	1964	333·9	378·9
1939	10·6	20·4	1965	371·5	401·5
1940	21·8	27·7	1966	422·9	396·3
1941	14·8	29·1	1967	458·0	432·0
1942	4·8	17·6			

Source: Kaser (1969), p. 524

(tonnes)

	Main Production	Including gold as by-product		Main Production	Including gold as by-product
1913	11·7		1975	359·9	407·9
1922-23	11·2		1976	393·0	443·6
1923-23	20·0		1977	392·9	444·0
1924-25	25·3		1978	400·8	452·9
1926-27	23·2				
1928	28·0				
1929	33·4				
1930	44·6				
1931	52·9				
1932	61·9				
1933	77·4				
1934	130·6				
1935	149				
1936	161				
1937	167				
1938	163				
1939	155				
1940	127·5	136·9			
1950	125·1	139·2			
1955	127·6	145·7			
1960	158·8	180·7			
1965	226·4	253·7			
1970	306·0	346·7			
1971	318·2	359·8			
1973	353·9	398·2			

Notes. Only selected years reproduced. The same article gives U.S. government agencies estimates as substantially lower; e.g. for 1965 as 154 tonnes, and for 1967 as 270 tonnes.
Source: Kaser (1979), p. 292

104. SOME ASPECTS OF SOVIET HARD CURRENCY BALANCE OF PAYMENTS
(millions of dollars)

	Balance on Merchandise Trade	Hard Currency Borrowings	Military Deliveries to less developed countries		Gold sales	
			Total	For Hard Currency	Tonnes	(m. of dollars)
1970	−500	291	995	100	—	—
1971	−313	288	865	87	60	79
1972	−1356	602	1215	122	200	380
1973	−1757	1340	3130	1345	280	900
1974	−978	1426	2310	1000	230	1178
1975	−6422	5402	1845	793	140	725
1976	−5595	4694	2575	1108	340	1369
1977	−3300	1777	3515	1500	340	1618
1978	−3794	1785	3825	1644	430	3673

Source: Erickson and Miller (1979), pp. 212, 214, 239

105. TOTAL OUTSTANDING DEBT TO THE WEST
(in millions of U.S. dollars)

	Gross	Net
1970		
1971	1807	582
1972	2409	555
1973	3749	1166
1974	5176	1654
1975	10578	7451
1976	14853	10115
1977	15728	11230
1978	17227	11217

Notes. Outstanding debt excludes transfer for the Orenburg pipeline, soviet equity capital in the West and net Soviet credit extensions calling for commodity repayment. Net figures take into account Soviet hard currency holding in the West.

Source: Erickson and Miller (1979), p. 224

Soviet Sources Used in Parts I–III

Bol'shaya Sovetskaya Entsiklopediya, 2nd ed, vol. 29 ('National Income')

Dostizheniya Sovetskoi Vlasti za 40 let v tsifrakh, Statisticheskii sbornik (Gosstatizdat: Moscow, 1957)

Gosudarstvennyi Byudzhet SSSR, Statisticheskii sbornik (Finansy: Moscow, 1966)

Istoriya Velikoi Otechestvennoi Voiny, 1941–45, vol. VI (Moscow, 1965)

Kapital'noe Stroitel'stvo v SSSR, Statisticheskii sbornik (Gosstatizdat: Moscow, 1961)

Kul'turnoe Stroitel'stvo SSSR, Statisticheskii sbornik (Gosstatizdat: Moscow, 1956)

A. Malafeyev, *Istoriya Tsenoobrazovaniya v SSSR* (Moscow, 1964)

Narodnoe Khozyaistvo SSSR v 1932, Statisticheskii spravochnik (Gos. Sots-ekon. iz.: Moscow, Leningrad, 1932)

Narodnoe Khozyaistvo SSSR v 1958, Statisticheskii ezhegodnik (Gosstatizdat: Moscow, 1959)

Narodnoe Khozyaistvo SSSR v 1959, Statisticheskii ezhegodnik (Gosstatizdat: Moscow, 1960)

Narodnoe Khozyaistvo SSSR v 1960, Statisticheskii ezhegodnik (Gosstatizdat: Moscow, 1961)

Narodnoe Khozyaistvo SSSR v 1961, Statisticheskii ezhegodnik (Gosstatizdat: Moscow, 1962)

Narodnoe Khozyaistvo SSSR v 1962, Statisticheskii ezhegodnik (Gosstatizdat: Moscow, 1962)

Narodnoe Khozyaistvo SSSR v 1963, Statisticheskii ezhegodnik (Statistika: Moscow, 1965)

Narodnoe Khozyaistvo SSSR v 1964, Statisticheskii ezhegodnik (Statistika: Moscow, 1965)

Narodnoe Khozyaistvo SSSR v 1965, Statisticheskii ezhegodnik (Statistika: Moscow, 1966)

Narodnoe Khozyaistvo SSSR v 1967, Statisticheskii ezhegodnik (Statistika: Moscow, 1968)

Narodnoe Khozyaistvo SSSR v 1968, Statisticheskii ezhegodnik (Statistika: Moscow, 1969)

Narodnoe Khozyaistvo SSSR v 1969, Statisticheskii ezhegodnik (Statistika: Moscow, 1970)

Narodnoe Khozyaistvo SSSR v 1970, Statisticheskii ezhegodnik (Statistika: Moscow, 1971)

Narodnoe Khozyaistvo SSSR 1922–1972, Statisticheskii ezhegodnik (Statistika: Moscow, 1972)
Narodnoe Khozyaistvo SSSR v 1972g, Statisticheskii ezhegodnik (Statistika: Moscow, 1973)
Narodnoe Khozyaistvo SSSR v 1973g., Statisticheskii ezhegodnik (Statistika: Moscow, 1974)
Narodnoe Khozyaistvo SSSR v 1974g., Statisticheskii ezhegodnik (Statistika: Moscow, 1975)
Narodnoe Khozyaistvo SSSR v 1975g;. Statisticheskii ezhegodnik (Statistika: Moscow, 1976)
Narodnoe Khozyaistvo SSSR za 60 let, 1917–1977 – yubeleinyi statisticheskii ezhegodnik (Statistika: Moscow, 1977)
Narodnoe Khozyaistvo v 1977g., Statisticheskii ezhegodnik (Statistika: Moscow, 1978)
Narodnoe Khozyaistvo SSSR v 1978g., Statisticheskii ezhegodnik (Statistika: Moscow, 1979)
Narodnoe Khozyaistvo SSSR v 1979g., Statisticheskii ezhegodnik (Statistika: Moscow, 1980)
Narodnoe Khozyaistvo SSSR v 1980g., Statisticheskii ezhegodnik (Statistika: Moscow, 1981)
Pravda, (24 January 1982) 'Ob itogakh vypolneniya Gosudarstvennogo plana ekonomicheskogo: i sotsial'nogo razvitya SSSR v 1981 godu'. Soobshchenie TsSU SSSR.
Promyshlennost' SSSR, Statisticheskii sbornik (Gosstatizdat: Moscow, 1957)
Promyshlennost' SSSR, Statisticheskii sbornik (Statistika: Moscow, 1964)
Sel'skoe Khozyaistvo SSSR, ezhegodnik, 1935 (Sel'khozgiz: Moscow, 1936)
Sel'skoe Khozyaistvo SSSR, Statisticheskii sbornik (Gosstatizdat: Moscow, 1960)
Sel'skoe Khozyaisto SSSR, Statisticheskii sbornik, (Statistika: Moscow, 1971)
Sotsialisticheskoe Stroitel'stvo Soyuza SSSR (1933–1938 gg), Statisticheskii sbornik (Gosplanizdat: Moscow, 1939)
Sotsialisticheskoe Stroitel'stvo SSSR, Statisticheskii ezhegodnik (TsUNKhU Gosplana SSSR: Moscow, 1934)
Sotsialisticheskoe Stroitel'stvo SSSR, Statisticheskii ezhegodnik (TsUNKhU Gosplana SSSR: Moscow, 1935)
Sotsialisticheskoe Stroitel'stvo SSSR, Statisticheskii ezhegodnik (TsUNKhU Gosplana SSSR: Moscow, 1936)

Sovetskaya Torgovlya, Statisticheskii sbornik (Gosstatizdat: Moscow, 1956)

SSSR i Zarubezhnye Strany, posle pobedy velikoi oktyabr'skoi sotsialisticheskoi revolyutsii: Statisticheskii sbornik (Statistika: Moscow, 1970)

Strana Sovetov za 50 let, Sbornik statisticheskikh materialov (Statistika: Moscow, 1967)

Ten Years of Soviet Power in Figures, 1917–27 (Central Statistics Board USSR, 1927)

Trud v SSSR, Statisticheskii spravochnik (TsUNKhU Gosplana SSSR: Moscow, 1936)

Trud v SSSR, Statisticheskii sbornik (Statistika: Moscow, 1968)

Vneshnaya Torgovlya SSSR za 1918–40, Statisticheskii sbornik (Vneshtorgizdat, Moscow, 1960)

Vneshnaya Torgovlya SSSR za 1918–66, Statisticheskii sbornik (Izdatel'stvo Mezhdunarodnye otnosheniya, Moscow, 1967)

Vneshnaya Torgovlya SSSR za 1955–59, Statisticheskii sbornik (Vneshtorgizdat, Moscow, 1961)

Vneshnaya Torgovlya SSSR za 1959–63, Statisticheskii sbornik (Vneshtorgizdat, Moscow, 1965)

*Vneshnaya Torgovlya SSSR za 1964,** Statisticheskii sbornik (Vneshtorgizdat, Moscow, 1965)

*1966**, (1967); *1968* (1969); 1970* (1971); *1971*, (1972); *1972* (1973); *1973* (1974); *1974* (1975); *1975* (1976); *1976* (1977); *1977*, (1978); *1978*, (1979); *1979*, (1980); *1980*, (1981)

Vysshee Obrazovanie v SSSR, Statisticheskii sbornik (Gosstatizdat: Moscow, 1961)

Zdravookhranenie v SSSR, Statisticheskii sbornik (Gosstatizdat: Moscow, 1960)

---

*These volumes appear annually, giving data for the last two years. It is therefore only necessary to use alternate annual volumes in order to compile an annual series. In recent years certain items have been emitted in some volumes, as a result of which all the 1970s issues have been consulted in the effort to compile a complete a series as possible.

Sources Used in Part IV

Becker, A.S., 'The Price Level of Soviet Machinery in the 1960s', *Soviet Studies*, vol. XXVI, no. 3 (1974), p. 363–379

Bergson, A. and Kuznets, S. (eds.), *Economic Trends in the Soviet Union* (Cambridge, Mass., 1963)

Bergson, A., *The Real National Income of Soviet Russia* (Harvard University Press, 1961)

Bergson, A, 'National Income', Bergson/Kuznets (1963) pp. 1-37

Block, H., 'Soviet Economic Performance in a Global Context', in *U.S. Congress*, (1979) vol. 1, pp. 110-40

Carey, D.W. and Havelka, J.F., 'Soviet Agriculture Progress and Problems', in *U.S. Congress* (1979) vol. 2, pp. 55-86

Carey, D.W., 'Soviet Agriculture: Recent Performance and Future Plans', in *U.S. Congress* (1976) pp. 575-99

Chapman, J.G., *Real Wages in Soviet Russia since 1928* (Harvard University Press, 1963)

Diamond, D.B. and Krueger, C.B., 'Recent Developments in Output and Productivity in Soviet Agriculture', in *U.S. Congress* (1973) pp. 316-74

Edwards, I., Hughes, M., Noren, J., 'U.S. and USSR: Comparison of GNP', in *U.S. Congress* (1979) vol. 1, pp. 369-401

Erickson, P.G., and Miller, R.S., 'Soviet Foreign Economic Behavior: A Balance of Payments Perspective', in *U.S. Congress* (1979) vol. 2, pp. 208-243

Garvy, G., 'Stabilization Policy and Monetary Equilibrium', *Anti-Inflationary Policies: East-West*, CESES, (Milano, 1974) pp. 301-26

Greenslade, R.V., 'The Real Gross National Product of the USSR', in *U.S. Congress* (1976) pp. 269-300

Hodgman, D.R., *Soviet Industrial Production 1928-1951* (Cambridge: Harvard University Press, 1954)

Howard, D.M., 'A Note on Hidden Inflation in the Soviet Union', *Soviet Studies*, vol. XXVIII, no. 4 (October 1976) pp. 599-608

Jasny, N., *Essays on the Soviet Economy* (Munich, 1962)

Jasny, N., *Soviet Industrialization 1928-1952* (The University of Chicago Press, Chicago, 1961)

Jasny, N., *The Soviet Economy During the Plan Era*, Palo Alto (Stanford University Press, 1951)

Jasny, N., *The Socialized Agriculture of the USSR* (Stanford, 1949)

Kaplan, N., Moorsteen, R., 'An Index of Soviet Industrial Output', *A.E.R.* 50, (June 1960), p. 235

Kaser, M., 'Soviet Gold Production' in *U.S. Congress* (1979) vol. 2, pp. 290-6

Kaser, 'A Volume Index of Soviet Foreign Trade'. *Soviet Studies*, vol. XX no. 4, April 1969, p. 523-526

Karcz, J.F., 'Soviet Agriculture, A Balance Sheet', in *The Development of the Soviet Economy: Plan and Performance*, eds. V. G. Treml and R. Farrell, Praeger (1968) pp. 108-46

Lee, W.T., 'USSR Gross National Product in Established Prices, 1955-1975', in *Jarbuch der Wirtschaft Osteuropas, Band 8, 1979*, p. 399-429

Leggett, R.E. and Rabin, S.T., 'A Note on the Meaning of Soviet Defence Budget', *Soviet Studies*, vol. XXX, no. 4 (October 1978) pp. 557-66

McAuley, A, *Economic Welfare in the Soviet Union* (G. Allen & Unwin, London, 1979)

Moorsteen, R. and Powell, R.P., The Soviet Capital Stock 1928-1962 (Yale University, Homewood, Illinois, 1966)

Nutter, W., *The Growth of Industrial Production in the Soviet Union* (New York, NBER, Princeton U.P., 1962)

Powell, R., 'Industrial Production', in Bergson/Kuznets (1963) pp. 150-202

Powell, R.P., 'The Soviet Capital Stock from Census to Census', 1960-1973', *Soviet Studies*, vol. XXXI, no. 1 (January 1979) pp. 56-75

Schroeder, G.E. and Severin, B.S., 'Soviet Consumption and Income Policies in Perspective', in *U.S. Congress* (1976) pp. 620-60

Treml, V.G., Farrell, R. (eds.), *The Development of the Soviet Economy: Plan and Performance* (Praeger, 1968)

Wiles, P., 'Recent Data on Soviet Income Distribution' in *Economic Aspects of Life in the USSR* Brussels, 1975, pp. 113-29

Wiles, P. 'Statistique sur l'economie Soviétique', *Analyse et Prévision*, vol. 2, no. 3 (September 1966) pp. 611ff.

U.S. Congress, JEC, (1979) *Soviet Economy in a Time of Change*, vol. I and vol. II

U.S. Congress, JEC, (1976) *Soviet Economy in a New Perspective*

U.S. Congress, JEC, (1973) *Soviet Economic Prospects for the Seventies*

U.S. Congress, JEC, (1970) *Economic Performance and the Military Burden in the Soviet Union*

U.S. Congress, JEC (1968) *Soviet Economic Performance: 1966-67*